人文社科
高校学术研究论著丛刊

英汉翻译与跨文化交际教程

杨晶佩宜 李晓洁 姚 洋 著

中国书籍出版社
China Book Press

图书在版编目(CIP)数据

英汉翻译与跨文化交际教程/杨晶佩宜，李晓洁，姚洋著. -- 北京：中国书籍出版社，2022.7
 ISBN 978-7-5068-9065-6

Ⅰ.①英… Ⅱ.①杨…②李…③姚… Ⅲ.①英语－翻译－教材 Ⅳ.① H315.9

中国版本图书馆 CIP 数据核字（2022）第 110584 号

英汉翻译与跨文化交际教程

杨晶佩宜　李晓洁　姚　洋　著

丛书策划	谭　鹏　武　斌
责任编辑	盛　洁
责任印制	孙马飞　马　芝
封面设计	东方美迪
出版发行	中国书籍出版社
地　　址	北京市丰台区三路居路 97 号（邮编：100073）
电　　话	（010）52257143（总编室）　（010）52257140（发行部）
电子邮箱	eo@chinabp.com.cn
经　　销	全国新华书店
印　　厂	三河市德贤弘印务有限公司
开　　本	710 毫米 × 1000 毫米　1/16
字　　数	210 千字
印　　张	12.5
版　　次	2023 年 3 月第 1 版
印　　次	2023 年 3 月第 1 次印刷
书　　号	ISBN 978-7-5068-9065-6
定　　价	82.00 元

版权所有　翻印必究

目 录

第一章 翻译、文化与交际 …………………………………… 1
  第一节 翻 译 ………………………………………………… 1
  第二节 文 化 ………………………………………………… 12
  第三节 跨文化交际 ………………………………………… 16

第二章 英汉翻译与跨文化交际研究 ………………………… 29
  第一节 中西文化差异对翻译的影响 …………………… 29
  第二节 英汉翻译与跨文化交际 …………………………… 32
  第三节 跨文化交际下英汉翻译的策略 ………………… 35

第三章 跨文化交际下的英汉习语与典故翻译 …………… 47
  第一节 跨文化交际下的英汉习语翻译 ………………… 47
  第二节 跨文化交际下的英汉典故翻译 ………………… 56

第四章 跨文化交际下的英汉人名与地名翻译 …………… 68
  第一节 跨文化交际下的英汉人名翻译 ………………… 68
  第二节 跨文化交际下的英汉地名翻译 ………………… 78

第五章 跨文化交际下的英汉动物词与植物词翻译 ……… 94
  第一节 跨文化交际下的英汉动物词翻译 ……………… 94
  第二节 跨文化交际下的英汉植物词翻译 ……………… 97

第六章 跨文化交际下的英汉颜色词与数字词翻译 ……… 107
  第一节 跨文化交际下的英汉颜色词翻译 ……………… 107
  第二节 跨文化交际下的英汉数字词翻译 ……………… 112

第七章 跨文化交际下的英汉自然词与方位词翻译 ……… 121
  第一节 跨文化交际下的英汉自然词翻译 ……………… 121

第二节　跨文化交际下的英汉方位词翻译…………………… 131

第八章　跨文化交际下的英汉称谓语与委婉语翻译……………… 136
　　第一节　跨文化交际下的英汉称谓语翻译…………………… 136
　　第二节　跨文化交际下的英汉委婉语翻译…………………… 142

第九章　跨文化交际下的英汉节日与饮食文化翻译……………… 148
　　第一节　跨文化交际下的英汉节日文化翻译………………… 148
　　第二节　跨文化交际下的英汉饮食文化翻译………………… 153

第十章　跨文化交际下的英汉服饰与建筑文化翻译……………… 171
　　第一节　跨文化交际下的英汉服饰文化翻译………………… 172
　　第二节　跨文化交际下的英汉建筑文化翻译………………… 176

参考文献………………………………………………………………… 188

第一章　翻译、文化与交际

【本章要点】

交际的顺利进行离不开语言这一重要工具。在交际过程中,语言的使用需要结合文化语境来进行。文化与语言的关系密不可分,而翻译的顺利进行是建立在语言这一交际工具的基础上的。因此,文化与翻译必然具有关联。在翻译过程中,译者往往会遇到各种障碍,其中由文化差异因素所导致的障碍是最常见的。为此,本章就针对翻译、文化与跨文化交际的基础知识展开分析,帮助学生对这三个知识点有一个基本的认知。

【学习目标】

1. 了解翻译定义。
2. 掌握文化的定义与特性。
3. 认识跨文化交际。

第一节　翻　译

翻译的定义是什么？或者说什么是翻译呢？不同的翻译研究学者为翻译下过不同的定义。有人认为翻译是"运用一种语言把另一种语言所表达的思维内容准确而完整地重新表达出来的语言活动"。还有人甚至说"翻译是把一段话语的意义,按照作者所想的方式翻译为另一种语言"。也有学者强调对等,认为"翻译就是译入语复制出与源语信息最接近的自然等值体——首先就意义而言,其次就风格而言"。

综合以上所述的各种定义我们可以看出,翻译是涉及两种语言间的文本交换活动,其目的就是要实现将原文文本所表达的思维内容(或信息)在译文文本中表现出来。首先我们必须承认具备可译性。英语与汉语之间不可译因素几乎遍及各个方面,各民族之间对事物的理解也存在着一定的差异。比如,汉语中将浪费钱说成"挥金如土",而英语中却说 spend money like water。狗这种动物在汉语中有一些负面的表述,如"狗腿子""狼心狗肺""狗改不了吃屎"等。而在讲英语的国家中狗是受人喜爱的动物,所以产生了诸如"lucky dog(幸运儿)","love me, love my dog(爱屋及乌)"等表述。但是我们发现尽管不能将 lucky dog 译为"幸运狗",但可以译成"幸运儿",所以说不可译性更多地存在于"纯语言"的层面,其所包含的意义还是可以翻译的。这主要是因为人类的自然、历史、地理、生理等具有大致相同的方式,而且人类的精神、心理等也有共性,特别是作为语言这个整体的一部分,每种语言尽管有这样那样的区别,但具有共同的功能和规律。

一、翻译的过程

一般而言,翻译的全过程可分为三个阶段:理解、表达和校核。翻译实践中,理解是表达的基础、表达的前提,没有对原文正确的理解,也就谈不上确切的表达。表达的过程既是源语转化为译语的过程,也是对源语文本意义理解的深化过程。这是因为在表达的同时译者会自觉或不自觉地对原文的意义进行更细致的推敲,同时译者也会对译文进行仔细的斟酌,以便尽可能确切、忠实地传达原文的意义。而校核则是使表达的质量得到进一步保障的关键。理解、表达和校核这三个阶段不应该是截然分开、相互独立的。在翻译实践中,这三者是一个往返穿插、相互联系、相辅相成的统一过程。

(一)理解

正确理解原文是翻译的第一步。对原文的理解应着眼于以下几点:理解原文的语言现象,重视原文词句的上下文语境和文化背景,确定原文的语体风格。

第一章　翻译、文化与交际

1. 理解原文的语言现象

理解原文的语言现象包括对原文词汇含义、句法结构和习惯用语等的理解。首先,词语的多义性、含蓄性和比喻性是语言的一个普遍特征,英语和汉语自然也不会例外。例如,英语中 deep 这一形容词的基本含义是"深的",但在实际运用中,其含义还包括"(声音)深沉的""浓(深)的""极度的,强烈的""全神贯注的,专心的""造诣深的""难解的"等。因此,在下列词语的翻译中,我们必须注意 deep 一词的多义性,并给出恰当的汉译文。

a deep well——一口深井
a deep voice——低沉的嗓音
deep red——深红色
deep sleep——酣睡
deep outrage——强烈的愤怒
deep in study——专心学习
a deep thinker——知识渊博的思想家
a deep mystery——难以理解的奥妙
Scientific literature is the foundation of the academic research.
科学文献是学术研究的根基。(literature 不译为"文学")
Where there is matter, there is motion. 只要有物质就有运动。
Exercise makes one strong. 运动使人强壮。
五四运动也给中国文学带来了一场革命。
The May 4th Movement also brought about a revolution in Chinese literature.
学校号召师生进行一场反浪费的运动。
The school called on the teachers and the students to wage a campaign against waste.

无论是英译汉还是汉译英,遇到多义字/词时必须结合上下文反复推敲,切忌望"词"生义,不求甚解。尤其是遇到多义常用词时,如果想当然地把自己懂得的词义放到译文中去,在很多情况下都势必会造成误译或笑话。

词语的含蓄性和比喻性也是我们在正确理解原文时必须考虑的,否则译文的忠实性就无法得到保障。例如:

This thesis leaves much to be desired.

这篇论文仍有很多不足之处。

原句通过 leaves much to be desired 这一委婉语含蓄地指出"The thesis is quite imperfect, and it leaves much for improvement."一意。因此,该语不能理解为"有很多令人满意之处"。

He had travelled widely and knew a thing or two about the Far East.

他去过很多地方,对远东的情况颇为熟悉。

短语 know a thing or two about 不应理解为"对……略知一二",其含义应该是 have a fairly considerable knowledge of,因此对该用法的正确理解是:"知世故,对……很有经验"。

He has the devil of a temper.

他有魔鬼般可怕的脾气。

英文 a/the devil of 喻指"相当的、非常的、麻烦的",这里与 temper 共用指"脾气非常糟糕"。

真真这林姑娘,说出一句话来,比刀子还尖。

Really, every word Miss Lin says cuts sharper than a knife.

原文"比刀子还尖"生动地刻画《红楼梦》中的人物林妹妹说话尖酸的特征,译者通过 cuts sharper than a knife 也很好地传达了原文的比喻意义。

此外,由于英语和汉语分属不同语系,其句法结构自然存在着差异。因此,译者在理解原文的过程中,应注意分析原结构关系以及原句结构所内含的意义。例如:

The trunks of the trees were dusty and leaves fell early that year and we saw troops marching along the road and dust rising and leaves, stirred by the breeze, falling and soldiers marching and afterwards the road bare and white except for the leaves.

树干上蒙满了灰尘,那一年树叶过早地凋落了。我们看到军队沿路走过时,扬起了尘沙,微风过处,树叶纷纷坠下。大军过后,大路上白白漫漫,空无一物,唯余落叶。

原句是一个很长的并列句,句中描写了树干、树叶以及"我们"所看到的景象:尘沙、落叶、过路的军队和道路。这里尤其应该注意两点:第一插入的过去分词短语 stirred by the breeze 用于修饰 leaves...falling,附带说明了叶落的原因;第二、第三个并列分句是 we saw+ 宾语 + 宾语补足语的结构,这里并列的有 5 个宾语(troops, dust, leaves, soldiers, the road)及其相应的 5 个宾语补足语(marching along the road, rising, falling, marching, bare and white except for the leaves)。译者在充分理解了原句结构关系的情况下,对译文结构稍做调整,将原文所描述的情景真实、生动、有条不紊地再现了出来。

John is now with his parents in New York City; it is already three years since he was a bandmaster.

约翰现在跟父母住纽约市,他不担任乐队指挥已三年了。

英文通过谓语动词形式表达动作发生的时间。本句中的过去式 was 表明了 John 过去的情况,因此不能理解为"约翰担任了三年乐队指挥"。

The implications of this policy for small and militarily weak nations cannot be overemphasized.

这一政策对小国和军事弱国的影响无论怎样强调都不为过分。

原文 cannot be overemphasized 是以否定句式来表达肯定含义的句法结构,用以加强语气或使语气更加委婉含蓄。如果理解为"不能过分强调",原文的意义便会被误解。

城南有一条河。

To the south of the city lies a river.

这里原文中的"有"不能采用英文的 have 结构翻译。

自 1990 年以来,已经建立了一百多个这样的组织。

There have been established more than one hundred organizations of such kind since 1990.

原文是一个无主句,即原句信息的重点不是"谁"建立了这些组织,而是这些组织的"建立"这一事实。译文通过 There have been 的英文型结构准确地传达了该句的基本信息,同时还恰当地使用了现在完成时态表明了与该信息相关的时间概念。

在人们长期使用语言的过程中英语和汉语都产生和积淀了大量的习语(idioms)或习惯表达方式(habitual expressions)。由于英汉语文化的共性及其个性,这两种语言中有些习语的表达形式和意义相同或相近,但也有大量的习语在形式和意义上存在差异。因此,在翻译实践中,了解英汉语的习惯用语在表达上的差异,准确理解习语的意义是非常重要的。例如:

We can't pass over these painful sources of conflict, and hope they'll disappear.

我们不能回避引起冲突的痛苦根源,而希望它们会自行消除。

短语 pass over 在实际运用中有数个含义,但在本句中意为"(因某事令人痛苦或不安而)回避"。

2. 重视原文词句的上下文语境和文化背景

语义的确定是不能孤立的,语句的上下文语境和文化背景对我们正确理解确定语义具有重要的参照作用。

语句的上下文语境包括句子内各要素构成的关系和语境(句内语境)以及语篇中句子与句子之间所构成的语境(句间语境)。而文化背景不仅包括不同民族的文化背景,也包括同一民族不同时代的文化背景。

在以下例句中,我们可以看到准确理解语言的上下文语境及文化背景会有助于提高翻译的质量。

新闻标题:

Yuan hits new high against Greenback

人民币对美元汇率再创新高

部分新闻正文:

China's currency, the Yuan, on Wednesday hit a new high against the US dollar for the second consecutive day after more than one month of downward adjustment, according to the Chinese Foreign Exchange Trading System.

据中国外汇交易系统公布,中国人民币在经过一个多月的下调后,本周三连续第二天走低,对美元汇率再创新高。

在这个英语新闻标题中,Yuan 和 Greenback 分别代表了中国人民币和美元,形式简约明了,极富视觉感官效应。Yuan 是人民币货币单位,而 Greenback 指美元纸币的绿色背面,喻指美元。对于了解这些词汇背景的译者来说,对这个标题的理解不会有困难。对于不熟悉这些文化背景的译者来说,从该标题下的消息正文中应该可以看出 Greenback 正是指美元(the US dollar)。当然查阅相关辞典则能够进一步确认 Greenback 的确切含义。

下雨或阴天回戏,不响锣就不给钱,是那时的规矩。

If a performance was cancelled because it was rainy or cloudy, there would be no pay. It was the rule in those days.

原文是我国著名评剧演员新凤霞《我的生活》中的一句话。该句的上下文谈到她在旧社会以唱戏为生的艰难经历。对这句话中"回戏""不响锣就不给钱"的理解不仅需要对上下文语境的确切理解,也需要对当时文化背景的了解。旧时艺人多没有社会地位,一旦没有戏唱,他们的生计也就没有了来路。此外,"回戏"一语是当时演艺界行话:"回"指"回绝","回戏"也就是取消原定的演出。而"锣"是中国地方戏的传统乐器,旧时大戏开演前,必先打起"开场锣鼓",渲染气氛、营造声势,因此这里的"不响锣"也就意指"不开戏""不演戏"了。

3. 确定原文的语体风格

语体风格是语言在具体运用中表现出来的文体风格。无论是英语还是汉语,在不同的语篇体裁中,风格都会通过词句、段、篇的形式显露出来,因此翻译与文体风格的关系密不可分。

从语篇角度来看,法律文本、政论文、学术论文、说明文、公务信函、报告等的文体比较正式,其用词较其他语篇的用词更加正式、更加抽象,句法构成和段落组织更加规范严谨。相对而言,科普传记类、旅游介绍类、文学类语篇如小说、散文、诗歌等在文体上比较中性,非正式一些。而电影、戏剧、广告类语篇,为了能更加接近生活,真实地再现生活,接近普通大众,其风格常常轻松、活泼、幽默,语言更贴近日常生活用语。此外,与口语相比,书面语显然更为正式。

从段的角度来看,比较正式的段落常常篇幅比较长,段落组织缜密,句间逻辑结构严谨。比较而言,非正式风格的段落一般较短,段落及句间逻辑结构比较松散。

从句法结构上看,较正式的句子一般较长,句子成分之间、语法、修辞关系错综复杂,在英文中还表现为有较多动名词、分句和从句结构的使用。非正式风格的句子一般比较简短,句法结构较单一松散,修辞关系比较简单。

从词的角度来看,风格较为正式的句子常含有大量抽象意义的词以及正式词(大词)。非正式风格的句子用词比较短小简单,且多数词都是日常生活用语或口语用词(包括方言,甚至俚语、俗语、习语使用频繁)。

不同语言学家对语域(register),即语言使用的场合进行过深入研究，并对语体风格进行了级别分类。美国语言学家马丁·裘斯（Martin Joos）提出的五个级别在语言学界得到广泛认可和运用。由风格最为正式到最为非正式的顺序排列，这五个级别分别是：Frozen（拘谨体），Formal（正式体），Consultative（商洽体），Casual（随意体），Intimate（亲昵体）。

句法结构和措辞最为口语化是典型的非正式文体，且仅在非正式场合用于熟友之间。同样的语义可以在不同场合以不同的风格表达出来。而这不同的风格也就形成了语言运用的特征，并能获得某种独特的语言运用效果。这就是语体风格在语篇中所起的特殊作用。

在翻译实践中，源语的语体风格自然是需要译者忠实传达的。也就是说，译文首先需要忠实地传达原文的意义，同时还应尽可能忠实地体现原文的风格特征。虽然要做到忠实地再现原文意义，同时又保持原作的精神、风姿和神韵，这有时是很难达到的，但是译者有责任在尽可能的情况下做到忠实于原作的风采。

注意以下几例的原文风格，以及原文风格在译文中的再现。

All members, in order to ensure to all of them the rights and benefits resulting from membership, shall fulfill in good faith the obligations assumed by them in accordance with the preset Charter.

各会员国应一秉善意，履行其依本宪章所担负之义务，以保证全体会员国由加入本组织而发生之权益。

本句来自《联合国宪章》，该宪章是重要的国际组织文件，其成文风格庄重沉稳、语言明确、逻辑严谨。译文通过必要的句型重组、严谨的措辞，很好地再现了原文庄重的文告风格。

I'm up to my neck in your bullshit.

你让我倒八辈子邪霉了。

该句出自美国大兵之口。句中的 bullshit 是粗俗俚语，意为 nonsense（胡扯，瞎说）。译者采用汉语口语中语气相似的粗话译出原文，很好地保留了原文的风格。

文学作品是所有文本中语言风格最为多样性的一种体裁。文学作品不仅能体现不同时期不同作家的文学风格，在同一作品中作家为了塑造不同人物，刻画不同人物的外表和心理特征，也会赋予不同人物以不同的性格和独特的语言风格和特征。因此，译者必须细心观察原文的语言特征，才能把握好原文语言和人物的风貌。

（二）表达

表达是翻译过程的第二步，是理解的结果。在翻译过程中，译者是源语和译语的中介者，具有原文接受者和译文表达者的双重身份。在理解的阶段，译者关注的重心是原文的意义和表达形式；在表达的阶段，译者关注的重心是如何用译语忠实、恰当地传递原文信息，包括原文的风格。

在表达过程中，仅凭对译文的准确理解不能保证译文表达的正确和自然。因此，译者既要注重译文表达的准确性，还应根据译语的语言习惯和表达习惯，把握好译文中的措辞用句。例如：

We insist that international trade should not be a one-way street.

我们坚持主张国际贸易不应是有来无往。

在原文中，one-way street 本意为"单行道"，为交通用语。但是，由于这里所涉及的是贸易问题，因此译文需将其意义加以引申后译为"有来无往"，才能流畅自然地表达出原文意义。

Strategic requirements for tin will be the major consideration under the table during the coming negotiations.

在即将到来的谈判中，对锡的战略需求将是不能公开的主要内容。

原文短语 under the table 与汉语比喻相似，以"桌下的（交易）"来比喻"秘密的，私下的，偷偷地"。本句采用"不能公开的"这一直白的表达，使译文明白晓畅。

The bushes are silver filigree, so light, so much on tiptoe in this enchanted world. Even the slightest breeze sends the snow shimmering down from them leaving the branches brown and bare and rather pitiful.

低矮的灌木丛犹如银丝织成的工艺品，在这个令人陶醉的世界里，它们是那么轻盈，那么小心地踮起脚尖，哪怕是一阵最轻柔的微风也会把微微闪光的雪花从它们身上吹落，留下些赤裸裸的褐色枝条惹人怜惜。

本句来自文学作品，原作者对雪后大自然美景的细腻描述，来自句式（陈述句 +so...so 后置修饰语，两个 -ing 分词短语分别作宾语补足语和伴随性状语）以及一系列匠心独具的用词（ silver filigree, light, on tiptoe, enchanted, slightest breeze, shimmering, brown and bare, rather pitiful 等），其美感功能跃然纸上。在汉语句中译文的措辞也很好地传达出了原文用词的精妙之处,并采用"犹如""那么……那么""哪怕是""留下些"等句式,使全文的美感功能得到再现。类似的表达还有:

注册表 registration form

时间表 timetable

节目表 program schedule

日程表 schedule

履历表 resume

价目表 price list

统计表 a statistical table

汉语"表(格)"的直接英译文通常是 form,但在以上几种"表(格)"的英译文中可以看出,根据具体情况英文的表达是不一样的。

(三)校核

翻译过程的最后一个阶段是校核,是对已从原文转化为译文的表达结果做进一步加工和处理、进一步把关的重要阶段。校核时应对照原文仔细通读、对比以防止错误和疏漏,同时还须单独通读译文,以发现译文表达中的生硬、晦涩和不通顺之处。

通常,除在完成翻译之后立即着手校核之外,若时间许可的话,还可将译文放一段时间后再次校核,也可以求助于他人帮忙审核(尤其是涉及专业性较强的译文)。这样对译文的审核视角将会更为客观、专业和全面。

校核译文须特别注意以下几个方面。

(1)仔细对照原文检查译文中的数字日期、方位名称(尤其是地名和组织机构名)、专业术语、数字单位、量单位、倍数关系等方面有否错译和漏译。

(2)对照原文检查译文有否漏译原文的词句、段落或公式。

(3)对照原文检查译文有否误译原文内容。

(4)查看译文有否漏用、误用标点及各类专业符号。

(5)通读译文,看译文的行文中有无不合逻辑、语言晦涩、词句不通之处。

针对校核出来的问题译者应以高度认真负责的态度,修改错误、疏漏和不妥之处,务使所有问题都得到妥善处理,把好翻译质量关。

二、翻译的分类

如果语言、符号及方言的转换都算作翻译的话,大多数人不禁会发问:翻译到底有多少种类型呢?我们这里首先借用现代语言学家、翻译理论家罗曼·雅各布逊(Roman Jacobson)对翻译的分类,他把翻译分为三个分支:语内翻译、语际翻译和语符翻译。

语内翻译是同一种语言内符号(sign)之间的改写(rewording);语际翻译是一种语言的符号与另一种语言的符号之间的口头或笔头的转换;语符翻译是一种语言内的符号与非言语系统的转换。

语内翻译和语际翻译的区别是:二者都是符号的转换,但第二种强调的是较大单位信息(message)的传递,并且我们还应考虑到不同语言中所体现出来的文化因素。语符翻译涉及的面就非常广泛,它包括体势语、旗语、音乐符号、数学符号、舞蹈、建筑、指示标记、英语与计算机代码间的翻译等,这些的转换都可看成是语符翻译。雅各布逊在语符翻译的定义之中运用了符号学的理论,这个运用将翻译研究的范围极大地进行了拓展。

如果我们按工作方式划分翻译类型,翻译又可以分为笔译和口译,口译又包括视译(Sight Translation)、即席翻译(Consecutive Translation)和同声翻译(Simultaneous Translation)。一名译者应该具备的不仅仅是熟练地掌握两门语言,而且还需要有扎实的文字功底、广博的知识面和较强的双语实践能力。从事口译的人员还应该具备反应灵敏、记忆力好、口头表达流畅的能力。[1]

我们按处理方式不同,翻译还可采取全译、节译、编译和选译等。由于时代的发展与变迁、读者的需要和市场的需要,出版机构或译者还可以对已有的翻译作品,组织人力进行重新翻译,这种情况被称为复译或重译。

我们按翻译的主题不同,还可以将翻译分出不同的翻译材料,即文学翻译(戏剧、小说和诗歌翻译)、科技翻译、典籍翻译、商贸翻译和一般非叙事类翻译等。其中诗歌翻译由于其具有较高的审美形式和内容,是这里面最具有挑战性的翻译,以至被有些人认为诗歌是不可译的,如

---

[1] 杨莉,王美华,马卫华.翻译通论[M].北京:中国纺织出版社,2019:59.

美国诗人罗伯特·弗罗斯特(Robert Frost)说:"诗者,译之所失也。"(Poetry is what gets lost in translation.)的确是这样,我们以中国的诗歌为例,它有音乐一般的韵律,内容丰富多彩,包括生活的方方面面,它博大精深、寓意丰富,翻译起来想做到完全对等却是不容易的。例如,《诗经》中的头四句:

中文	英文
关关雎鸠,	From the islet in the stream,
在河之洲。	The jujiu calls coo, coo.
窈窕淑女,	A sweet retiring girl
君子好逑。	The princely man will woo.

(陆志韦译《中国诗五讲》)

原诗读起来朗朗上口,富有节奏感和韵律美感,但是经过翻译后这些美感都消失了。[①] 那么,有人就会问,翻译诗歌到底可能不可能? 或者翻译在多大程度上是可能的? 这就是翻译的可译性与不可译性问题。

第二节 文 化

一、文化的概念

人们对于"文化"并不陌生,但是具体"什么是文化",大家却是众说纷纭,没有一个明确的定论。美国人类学家阿尔弗雷德·克鲁伯和克莱德·克拉克洪在《文化:关于概念和定义的检讨》中说:"在这个世界上,没有别的东西比文化更难以捉摸。我们不能分析它,因为其成分无穷无尽;我们不能描述它,因为其形态千变万化。当我们要寻找文化时,它仿佛是空气,除了不在我们手中以外,它无所不在。"综合诸多学者的研究成果,我们将文化分为狭义的文化和广义的文化。

---

① 刘军平.西方翻译理论通史(第2版)[M].武汉:武汉大学出版社,2019:21.

第一章　翻译、文化与交际

（一）狭义的文化

在汉语中，"文化"由"文"和"化"组成。"文"是象形字，"化"是会意字。《说文解字》中提到："文，错画也。象交文。凡文之属皆从文。"也就是说，文，交错刻画，像交错的花纹的样子。大凡文部属都从文。可见，"文"的本义是各色交错的纹理。

在此基础上，"文"又有多个引申义。第一种，"文"包括语言文字在内的各种象征符号，具体化为文物典籍、礼乐制度。第二种，由伦理之说导出彩画、装饰、人为修养之义，与"质""实"对称，如《尚书·舜典》疏曰："经纬天地曰文。"第三种，在前两层意义之上，导出美、善、德行之义，如《礼记·乐记》中的"礼减而进，以进为文"。[①]

"化"，在《说文·七部》中提到："化，教行也。从七，从人，七亦声。"化，即教化实行。由七、人会意，七表声。"化"的本义为变化，如《庄子·逍遥游》曰："化而为鸟，其名为鹏。"后来，引申为教化之意，如王充的《论衡·佚文》曰："无益于国，无补于化。"

"文"与"化"并联使用，较早出现在战国末年，但是二者还未合成为一个词。《周易·贲》曰："观乎天文，以察时变；观乎人文，以化成天下。"这句话的意思是，治国者观察天文，即天道自然规律，以解时序变化；观察人文，即人类社会的各种现象，以用教育感化治理天下。"人文"与"化成天下"紧密相连，治理天下、"以文教化"的思想非常明确。[②]

综上所述，狭义的"文化"指的是人精神层面的东西，如人的精神、思想、信仰、道德、观念、情感等。然而，表面上，这些精神层面的东西是看不见、摸不着的，它们需要一定的外在的载体、媒介来体现，如某种（某些）具体的物质、语言、音乐等。

（二）广义的文化

"文化"一词在西方国家中的表述各有不同，其中德语为 kultur，英语为 culture，源自拉丁语词 cultura，原意为耕作、培养、教育发展、尊重的意思。而拉丁语 cultura 又是由拉丁语 cultus 演化而来的。cultus 含有为敬神而耕作与为生计而耕作两个意思，因而该词具有物质活动和精

[①] 田望生.字里乾坤 汉字文化随笔[M].北京：华文出版社，2004：11.
[②] 杨德爱.语言与文化[M].昆明：云南大学出版社，2020：9.

神修养两个方面的含义。可见,"文化"的词义既包括物质生产活动,又包括精神方面的内涵。梁漱溟先生指出:"文化,就是吾人生活所依靠之一切。"

在俄罗斯及我国的词典、百科全书中,"文化"一般被称为广义的"文化"。例如,苏联哲学家罗森塔尔和尤金在其编写的《简明哲学辞典》中也指出了"文化"的广义定义,即"文化是人类在社会历史实践过程中所创造的物质财富和精神财富的总和"。

我国的汉语词典、百科全书等大都采用此说法,如《中国大百科全书》中指出:"广义的文化是指人类创造的一切物质产品和精神产品的总和。"又如,2015年出版的《现代汉语词典》(第6版)在解释"文化"的定义时指出,文化是"人类在社会历史发展过程中所创造的物质财富和精神财富的总和"。①

广义的"文化"涵盖面非常广泛,指的是人类社会发展过程中创造的物质财富和精神财富的总和。用通俗的话来说,我们可以概括为:人所创造并共享的一切活动及其结果都是文化。

二、文化的分类

同文化的含义一样,文化的分类也是一个颇有争论的问题。最常见的是"两分法"和"三分法"。即使是"两分法"或"三分法",其类别名称仍有很大的不同。

(一)两分法

影响最大的有三种归类名称。
(1)广义的文化和狭义的文化。
(2)物质文化和精神文化。
(3)社会文化和精神文化。

(二)三分法

三分法的归类名称更复杂,最有影响的亦有三种。

---

① 于根元.应用语言学概论[M].北京:商务印书馆,2003:6.

（1）物质文化、制度文化、精神文化。
（2）物质文化、精神文化、艺术文化。
（3）认识文化、价值文化、审美文化。

认识文化的基本范畴为"知"，其价值体现于一个"真"字；价值文化的基本范畴为"意"，其价值体现于"善"；审美文化的基本范畴为"情"，其价值体现于"美"。三种文化分别以"知、意、情"为基本范畴，以"真、善、美"为最高的价值体现。

以上的分类，从理论上说虽然都能自成体系，并各有理由，但运用到对具体文化现象的分析，则就显得捉襟见肘，难以自圆其说。

从实用性方面讲，不妨把文化分为精神文化和风俗文化。精神文化即是人们通常所说的意识形态，如哲学、科学、文学、艺术之类，这些都是人的脑力劳动的结晶。风俗文化则是流动于人们日常生活中的。它有物质方面的，也有观念、习惯方面的，但不管包含多少广泛的内容，均与人们的衣、食、住、行相联系，而恰好是衣、食、住、行的物质资料与衣、食、住、行的观念习惯相结合，体现出一时一地的风俗面貌，反映出生活的全景。[①]

三、文化的功能

文化具有重大的功能，进步的文化对社会发展有积极的推动作用，这叫正功能作用；腐朽没落的文化对社会进步起阻碍作用，这叫负功能作用。就正功能来说，主要有如下几点。

（一）认识功能

文化在认识社会、认识人生价值上有重大作用。进步的文化能帮助人们正确地认识社会，或对社会采取批判、革命、改造的态度，或采取扶植、建设、完善的态度。文化越发展，就越能提高人民的素质，充分发挥个人的主动性和积极性，努力为社会进步做出贡献。

（二）整合功能

文化的发展帮助人们在思想上、行为上趋于一致。生活在同一社

[①] 陈仲庚.中西文化比较[M].广州：羊城晚报出版社，2015：19.

会制度下的人们,在认识上能趋于一致,文化起了一定的作用。对某一社会问题,大多数成员能取得一致看法,采取一致行动,并努力去解决它,正是这种功能的表现。例如,文明礼貌活动、优质服务、提高职业道德水平等,都与文化的整合作用有关。

(三)改造功能

文化在改造客观世界和人的主观世界方面起了很大作用。自然规律的发现和利用从而达到改造自然的目的,均与文化的传播有关。对社会,当某一社会制度正逐渐显露其腐朽性时,新的文化运动就成为批判旧社会、呼唤新社会诞生的先导;当一个新社会诞生后,先进的文化则能帮助这个新社会的巩固、发展和完善。

(四)发展功能

文化不仅帮助人们认识社会,而且文化也能对社会结构和社会生活提供蓝图,使社会行为系统化。人一生下来,就踏进了社会化过程。这个过程也就是学习和继承文化的过程,是在前人创造的文化基础上,以此作为起点向前迈步的。新的一代人,根据时代的需要,对原有文化采取"扬弃"的态度,继承其先进合理的积极因素,批判其过时的消极因素,向前推进文化的发展并因此而促进社会的进步。[1]

当然,对落后文化的腐蚀作用也决不能轻视,而要真正消除落后文化的消极影响,仍然必须是利用先进文化的改造功能。

第三节　跨文化交际

一、交际

虽然在西方交际或传播学的研究,可以追溯到两千多年前亚里士多德(Aristotle)的《修辞学》(*Rhetoric*)一书,但早期的研究,一直把人类交际当作是一个机械性(mechanistic)的讯息传递过程。这种机械性

---

[1] 陈仲庚.中西文化比较[M].广州:羊城晚报出版社,2015:20.

第一章　翻译、文化与交际

的模式,把人类的交际视为一种单向性的运动,人只是一种被动性接收讯息的传递与冲击的生物。直到20世纪中叶,学者才开始意识到,人类的交际行为与个人的意图、意向与目的有很大的关系。换句话说,人类绝不是由外在因素来决定其交际行为,而是很有自主性,能积极参与交际过程来决定自己行动的生物。建立在这个认识上,以下就先来探讨交际的定义、交际的特征、交际的要素与交际的模式。[①]

(一)交际的定义

在文献上,交际(communication)至少有一百多个定义(Dance & Larson,1972)。试着给交际下一个放诸四海皆准的定义,根本是不可能之事,因为在不同情境下,交际这个词语的使用本身就具有多样性。为了本书的目的,在此把交际定义为"双方经由交换符号,来建立一个互依互赖关系的相互影响过程"。

经由参与这种符号交换的过程,人类开始形成泰勒(Thayer,1987)所谓的"交际实境"(communication reality)。在这个交际实境里,不同的思想、信仰、喜恶、理想,都可赋予公开的讨论,而且各分子,皆能经由符号的使用,再造一个自我或定义自己要当何方人物。也就是说,这个交际实境,能协助我们学习一组解释宇宙世界的特殊方法,并进而共同组成一个社会。

(二)交际的特征

从以上交际的定义,我们可以演绎出四项交际的特征:整体性、互动性、持续不辍性。

1. 整体性(Holistic)

人类交际的整体性(holistic)特征,表现在互动双方的依存性(interdependence)。依存性把双方联结成一个系统,在这个系统里,彼此的了解(understanding)乃是建立在双方愿意互换讯息的基础上。这说明了交际本身,是一个让互动双方能够保有自我认同(self-identity)与个人特质的关系网(relational network),因此要了解交际这个关系网,首先对互动者必须有所认识。

[①] 陈国明.跨文化交际学[M].上海:华东师范大学出版社,2009:4.

交际的整体性,与《易经》演化出来的太极图的原理很类似。太极乃是阴阳相辅相生又相克的关系所形成的一个负阴抱阳的状态。所谓孤阳不生、孤阴不长,即显示了双方交际互动与相互依赖的重要性。由此延伸,我们得知交际是一种社交实境(social reality)。如同任何社会现象的存在,必须经由参与者共同承认才算存在一样,交际这个现象的存在,也是完全建立在互动双方同意的基础上,所产生的一种实境。

人类交际这种共创性的本质,表现在互动层次,就是在同一个文化内,双方比较能够在语言与非语言行为上,取得共同分享的意义。当然,相同的语言或非语言讯息,在不同的情境下会产生不同的意义,这使得跨文化交际(intercultural communication)比同文化内交际(intracultural communication)来得困难。例如,在西方社会,随时可听到"我爱你"的呼声到处飞扬,对西方人而言,这种公开表达内心情意的方法,乃是司空见惯且极正常之事。但在东方社会,老是把"我爱你"挂在嘴里的人,恐怕会被认为头脑出了问题。

2. 互动性

人类交际的互动性(interactional nature),意味着符号交换的过程发生在两个对象之间。也就是说,交际存在于符号传送者(sender)与符号接收者(receiver)两个对象之间持续互动的脉络里。这两个对象互动的本质,引发出不少值得讨论或争论的问题。

例如,自己能不能与自己交际呢?从心理学的角度,尤其是弗洛伊德(Freud)的理论,当然不成问题。不过,如果符号的交换必须发生在两个对象之间,一个人怎么可能分化为两个对象呢?可以的,弗洛伊德的理论,把这个我分割成本我(id)、自我(ego)与超我(super-ego)三个类型。这三个我常常在夜深人静,床上或灯下独守的时候发生天人之战,特别是以本能冲动为满足的本我,会和以良知与理想为基础的自我与超我拼斗。这种自我性的互动称为自我交际(interpersonal communication),人数虽然只有一个,但包含内心不同对象间的对话。

另外,人与动物之间有没有交际存在呢?把猫、狗、龟、兔等动物当成宠物的人,一定会认为人与动物之间当然能够彼此交际,因为这些宠物不仅能听懂一些指示,而且能博得主人欢心或改变主人心情。

《列子》书中就有这么一则故事:有一个住在海边的人很喜欢海鸥。这个人每天早晨都跑到海边和海鸥游玩嬉戏,日子久了,飞来的海鸥愈来愈多,一共有数百只之多。有一天,这个人的父亲突然对他说道:"儿子呀,听说每天早晨海鸥都来和你嬉戏,明晨你就抓一只回来给老爸玩玩吧。"结果这个人第二天早晨到了海边,发觉所有的海鸥好像有了心电感应,只在天空飞翔,无论如何都不肯下来和他嬉戏。

另外,近年来科学家研究的人与宠物之间的关系亦可佐证之。研究发现,留在家里的狗儿,在主人回家路上,通常距离家里只剩下一两里远的时候,就开始表现出兴奋或毛躁不安的现象,显然已经知道主人快到家了。

3. 持续不辍性

人类交际是一个持续不辍的过程(on-going, endless process)。这项特征表现了交际的动态性(dynamic),直指人类交际的行为乃是两个互动对象你来我往、永无止息的相互影响活动。这个经由语言与非语言符号交感过程的动态性,看似杂乱无章,其实它是一个很有秩序(orderly)的变化过程。例如,听两个人使用俄语交谈,如果我们不懂俄语,一定会觉得他们语无伦次,像外星人。不过,如果我们知晓俄语,听起来就会觉得容易入耳,毫无混乱的现象。

人类交际的持续性,同时表现出发展性的特色。好像日月的更迭与潮汐的涨落(ebb and flow),井然有序地在互动的双方,一步一步开发可以共同分享的符号意义,从陌生人的阶段,发展到相知、朋友,甚至知交、情人或夫妻。人类社区、部落、社会、国家等大小组织体,也都经由交际的过程而形成。

人类交际这种持续有序的动态变化(dynamic change)过程,可借《易经》每一卦六爻的演进变化来加以解释。《易经》认为,宇宙内万事万物皆以变化为准则,能够随缘应变或以变论变,才能顺遂畅通,不至于拘泥僵化。宇宙万物的变化以六爻的六度升降演变为原则。

以人类交际为例,初爻为根本,代表双方互动的开始,也是变化的第一个阶段。二爻为发芽,代表交际双方认识的成形期,这是变化的第二阶段。三爻为成干,代表互动双方相知具体期,这是变化的第三阶段。四爻为枝叶,代表互动双方友谊与感情的成长期,这是变化的第四阶段。五爻为开花,代表互动双方友谊与感情已演进到壮硕期,这是变化的第五阶段。最后,六爻为结果,代表双方的互动已达到收获期,此时也代表着事物变化的完成与转变期。这和《中庸》讲的达到至诚之境的六段变化,也有着相似之处。《中庸》讲:"诚则形,形则著,著则明,明则动,动则变,变则化。"形、著、明、动、变、化的六个变化阶段,也同样可以用来阐释人类交际的持续有序的动态发展过程。

(三)交际的要素

从前面交际的定义,我们也可以发现,一个完整的交际过程包含了九项要素:传送者、制码、讯息、通道、接收者、解码、回馈、环境以及噪音。

"传送者"(sender)可以是任何人、事、物,但主要还是以人为主。在交际的过程中,讯息传送者指有那股与他人分享心中事之欲望的人,因此又叫作讯息的"来源"(source)。不论国籍、文化、男女老幼,思欲与人聊天交换意见或分享心事,乃是人类之为人类的必要条件。人类这种与他人交际的需求,不仅是为了建立关系,更是在自我认同的形成、身心健康的保持与获取想要之物方面不可或缺。难怪学交际的人,无不知"人不能不交际"(We cannot not communicate.)这句名言。讯息传送者若是来自不同文化背景,则构成了跨文化交际的基本架构。

"制码"(encoding)指传送者输出讯息前,心内运思要说些什么的过程,也就是制造符号(creating symbol)的内在动作。当你看到一位多年没见的朋友,或许你会边挥手边叫道:"嗨,老王,好久不见了,你风采依旧哩!"此语一出,就是所谓的"讯息"(message)。因此,讯息可以定义为制码过程的外显。人类交际最基本的符号当然是语言了,而且不管是口语(verbal)或非口语(nonverbal)的讯息,不同的文化系统通常都有一组必须遵守的使用规则。

讯息的传递必须有媒介的载运,才可能输送出去。这个输送讯息的媒介称作"通道"(channel)。或经由嘴发声,或以书信传情,或用电子邮件(email)代言等,皆显示了不同的讯息传递媒介。由媒介载运的讯息,像出了膛的子弹,一定有个射击的鹄的。讯息命中的对象就是"接收者"(receiver),又叫作"目标"(target)或"阅听人"(audience)。

阅听人当然不会像早期传播研究的子弹理论(bullet theory),被认为只是一个枪靶,静止不动地在原地接受射击。正常情况之下,阅听人收到传送者发出的讯息之后,通常内心会有所反应(response),然后决定回送讯息给传送者。这个回复讯息的过程称为"回馈"(feedback)。有了回馈,人类的交际才能显现出双向、持续与永无止息的动态特性。

如同传送者发出讯息之前,必须经由制码的内在过程,阅听人在回馈讯息之前,也必须经由内在运作的过程来达成任务。这是解释传送者讯息并赋予意义的过程,也叫作"解码"(decoding)。影响赋予符号意义的因素很多,诸如生活经验、宗教信仰、性别年龄、社会角色与文化的差异。其中又以文化差异的影响最为显著。阅听人完成解码工作,决定回馈讯息给传送者的同时,也进行着制造符号或制码的工作,如此才有所谓的回馈。由此可以看出,在交际的过程中,阅听人同时扮演着传送者的角色,传送者也同时扮演着阅听人的角色。

交际当然必须发生在某种"环境"(environment)之下。例如,物理环境(physical environment)指在某个地方,或灯光明亮或暗淡下的互动。社会情境(social context)也是一种交际环境。从社会情境可以看出交际双方之间的关系,如父子、师生、官民、朋友、仇敌或来自不同文化等。

最后是"噪音"(noise),指任何可能阻碍交际进行的因素。人类交际不可能在真空的情况下发生,因此障碍重重。影响交际准确性的因素不胜枚举,包括物理、生理与心理三项噪音。

物理噪音来自物理环境的装置摆设,如空间太大,造成后排的阅听人听不清楚;室内温度太高,使得互动者毛躁不安;桌椅摆设凌乱,叫人感到心烦皆是。

生理噪音来自互动者身体的状况,如头疼、胃痛、近视、重听、感冒、疲倦等,都很容易影响交际的品质。

心理噪音则来自内心所思所想,如有些人喜欢膨胀自己,说话夸大不实,或自以为是,喜欢貌视别人的论点,或以谦虚为美德,凡事过度小心翼翼,不肯抒发意见等,都容易产生交际上的误解。当然,不同的文化价值信仰、认知系统、思考形态、语言表达方式等,也都是人类交际过程中产生的噪音,阻碍相互了解的因素。

以上九个交际的要素,具有其普遍性的意义。不论文化、社会、宗教或任何其他差异,只要是人与人之间存在交际,这九个要素是必然存在的。

(四)交际的模式

从交际的定义、特征与要素,可以看出交际本身其实是一个很复杂的概念。为了有助于理解和学习复杂的概念,用一个扼要简明的模式来表达,可说是最好的方法之一。用以了解交际的模式很多,本章提供两个以资参考。

  图1-1是最详细的模式,彰显了交际的所有要素,并清清楚楚地表现出交际九个要素的位置与相互的关系。其中"制码"与"来源"或"传送者","解码"与"目标"或"接收者"放置在同一个椭圆内,表示"制码"与"解码"是"传送者"与"接收者"心内制造符号与解释讯息的过程。下方的两个较小的椭圆,标明了"传达者"同时扮演着"接收者"和"接收者"同时扮演着"传达者"角色的现象。整个方形则代表着"环境",在交际过程中会产生"噪音"。

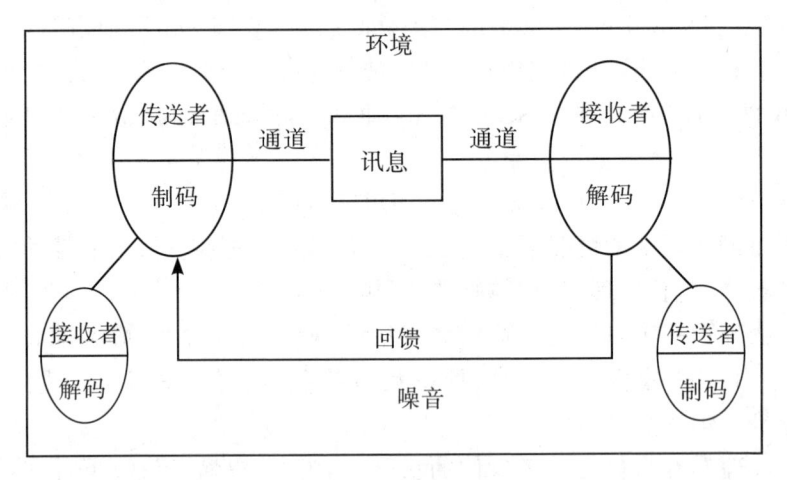

图 1-1　交际的模式

  图1-2是从《易经》"一阴一阳之谓道"与"是故易有太极,是生两仪,两仪生四象,四象生八卦"的思想推演出来的。因此,这个模式具有中华文化的特色,与文献上大部分由西方学者发展出的交际模式有所不同。这个模式特别注重互动双方相辅、相生与相克的整体性与动态性关系。图中A和B代表讯息传送者与接收者。两个合成一太极,就是上述"孤阳不生,孤阴不长"的依存关系。C1到C4,代表阴阳或传送者与接收者的持续互动,所产生的结果。D1到D8,则代表A和B永无止息的创造过程。从这个模式可以看出,人类交际就是"生生之谓易"的写照。

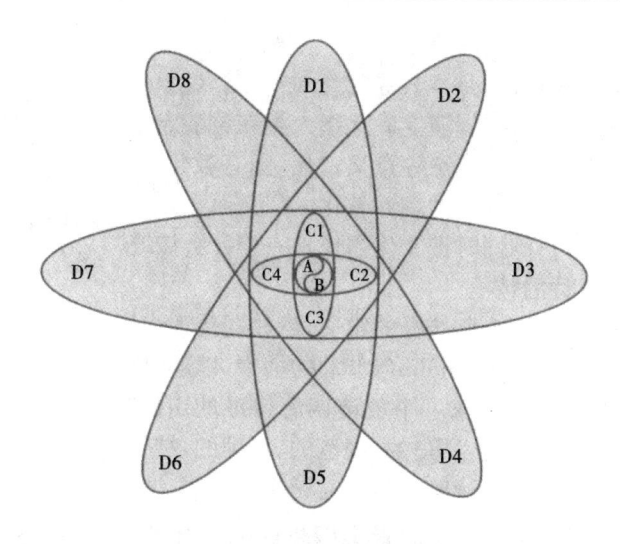

图 1-2 《易经》交际模式仪

还有,依照这个模式,讯息传送者与接收者,经由相辅、相生与相克的互动过程,以达到自我与整体目标的无休止转换与再生的运动,必须受制时空两项因素的影响。从时间变项(temporal contingencies)而言,互动双方必须知道在适当的时间表现出互动经营(interaction management)的能力,也就是知道何时输出讯息,公平分享互动时间与知道何时停止互动等能力。空间变项(spatial contingencies)则包括互动双方具有的静止性的属性,包括个人的个性、地位、角色、交际环境等因素。时空两项因素随时影响讯息传送者与阅听人互动的动态平衡。[①]

二、跨文化交际

(一)跨文化交际的定义

随着国际经济、文化交流的日渐频繁,世界各国人民之间的合作和往来也与日俱增,从而出现了国际的交际,即"跨文化交际"(intercultural communication or cross-cultural communication)。人类一般性的交际(即主流文化内的交际)过程与跨文化交际过程是基本一致的,二者的本质也是基本一样的。二者之间的差异只是程度上的差异,不是本质上的差异,这是因为二者所涉及的变量或组成要素基本上

---

① 陈国明.跨文化交际学[M].上海:华东师范大学出版社,2009:239-244.

是一致的。

据美国学者古迪昆斯特(W. Gudykunst,1984)的看法,二者之间的差异在于交际所涉及的变量对其交际活动的影响程度方面,而且它们在交际过程中的相对重要性也有所不同。例如,对跨文化交际来讲,民族中心主义是影响交际的重要因素;然而,在同一主流文化内的不同群体之间的交际中,它的作用显然低于它在跨文化交际过程中的作用。

具体讲,跨文化交际是指不同文化背景的人们(即信息发出者和信息接收者)之间进行的思想、感情、信息等交流的过程。由来自不同文化背景的人所进行的信息的编码和译码等心理活动就叫跨文化交际。

(二)跨文化交际与情景的关系

在实际的交际中,文化因素会因具体的交际情景、场合不同而各异。在社会化的进程中,由于交际环境、场合、情景等时间、空间的不断变化,人们通过交往而确认、建立、维持并强化了各种文化身份和不同的文化,习得了不同的交际文化。

到了成人时期,人们掌握了成套的在各个不同社会环境、场合、情景中与别人交际的各种规则,在不同的时空与不同文化群体交往中,习得了不同的交际规范,即在社会化的进程中,人们习得了各种不同的群体文化、信仰文化、地域文化,并熟悉了不同类型的社会关系和角色关系。在跨文化交际学习中,我们把非定式文化作为一个重要内容来学习的最大作用是,我们可以克服单纯把文化定式作为学习模式的弊端。

由于充分考虑到社会环境、场合、情景等因素,我们的一言一行、一举一动就能做到适度、得体和名正言顺。因为人们的言行举动是否合适、得体,不仅与文化因素有关,也与场合、情景因素有关:某种言行对某一文化的情景来说是得体、合适的,但在不同文化的情景中未必是合适、得体的。由此可见,在重视文化定式学习的同时,我们绝不可忽视具体的与社会环境、场合、情景相关的群体文化的学习。

(三)跨文化交际语境阐释

1. 语境

(1)语境的含义

语境简单来说就是语言发生和运行的环境,也就是说语言必须在一定的环境中才能体现其价值。任何话语或言语事件都必须在一定的语境中才能发生。若没有语境,那么话语就没有实际意义。

从语言教学来考虑,学生若要提高交际能力,那么在教学过程中,教师就需要通过教学活动让学生明白语境的作用,让学生要时刻注意语境与交际需求的不同,注意话题和焦点的变化。

（2）语用学下的语境观

众多哲学家认为语境是一个与语用学紧密相连的概念。由于早期的语用学在某种程度上可说是哲学的副产品,因此语用学中关于语境的研究一开始就与哲学有着紧密的联系。譬如,日常语言学派哲学家维特根斯坦通过观察孩子的游戏,发现角色是在游戏中动态地体现出来的,从而推断语言的意义也是在特定语境中体现出来的。

奥斯汀（Austin）指出说话的场合很重要,所使用的词的意义在某种程度上要结合原本设定好的或实际上已在语言交际中体现出的语境才能得到解释。格赖斯（Grice）等也都论及语言意义在具体情形（语境）下的使用问题。

莱文森（Levinson）在《语用学》一书中明确指出,语境只包括一些基本参数,如参与者的身份、角色、居住地、对参与者拥有的知识或理应知道的内容的假设以及会话产生的地点等,并声明有些语境因素,如社会交往原则以及许多具有文化差异性的原则等是被排除在外的,原因是为了遵循哲学语言学的传统。黄衍提出:语境是系统地使用一个语言单位的动态环境里的任何相关的东西。它包含不同的来源,如物理的、语言的、社会的以及共有知识的。

当然,这并不意味着语用学家们对语境的本质有了一致的认识,"语境的复杂本质以及语境自身都具有语境敏感性,使得要给出一个学界共享和认可的定义甚或理论视角都是不可能的,通常都只能描述或捕捉语境的某一个小的方面"。无论语义学家还是语用学家都认识到语境的宏观与微观维度,而在另一个维度即静态与动态方面,语义学家主要关注的是语境的静态性,而语用学家们则逐渐强调语境的动态性、开放性和建构性。

斯波伯和威尔逊（Sperber & Wilson）认为,语境的构成在整个话语进行过程中都是开放的,不断进行着选择和修正。语境不是事先设定好的,而是一个在话语中不断形成和变化的过程。根据关联理论,建构语境就是要寻求最佳关联。当语言发出者发出话语后,听话者就会将这一话语所表达的假设连同话语本身当作一种给定的直接语境,这一语境就是初始语境,如果在初始语境中找不到最佳关联,那么听话者就需要不断扩充语境,直至获得最佳关联。

语境可以通过三种方式不断扩展:一是调取已有的或推导出的假定加入语境;二是加入关于已经进入语境中的概念和假定的百科知识;三是关注周围环境的信息,能够产生关联的信息都可进入语境。维索尔伦(Verschueren)指出语境是个动态的而不是静态的概念。因为环境是持续变化的,所以参与者能够在交际过程中互动,语言表达能够变得可理解。维索尔伦用图表现了语境的动态建构。他指出,图中的三个世界不是截然分开的,话语发出者和话语解释者也不是对立的,在实际的场景中常常相互换位。

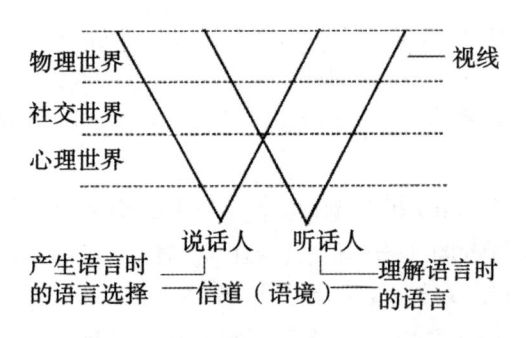

图 1-3　维索尔伦动态语境示意图

物理世界、社交世界和心理世界对说话人和听话人的话语产生与话语理解都会产生影响。说话人和听话人的视线(各由两条斜线构成)在物理世界、社交世界和心理世界的交汇处便是影响当前交际的语境因素,而这些因素会随着二者视线的变化而发生变化,各种世界中的因素若并未渗入交际过程中也就不一定算是语境因素,因而语境是交际双方动态选择的结果。比如,一只蚂蚁从说话人的脚边爬过去,其基本上不参与话语建构,就谈不上是语境因素。除非它以某种方式介入双方的交谈,便可成为语境的一部分。

(3)语境的功能

①语境对词义的选择功能。语境对词义的选择功能表现在以下几个方面。第一,确定指示对象。无论语法多么正确、字面意义多么清晰,离开语境的显影作用,很多内容可能让人无法理解。第二,扩大词义。词汇的词典意义是稳定的,但是一旦进入不同的语境中,词义就可能发

生变化,通常不外乎词义的扩大与缩小。第三,缩小词义。词义的缩小是指在具体的语境中词汇表达的意义比编码义更具体的情形。

②语境对句义的选择功能。语境对句义的选择功能主要包括消除歧义和支持含意推导。首先,消除歧义。歧义句是非常普遍的语言现象,脱离语境,通过语义分析,只能确定歧义句到底表达了几层含义,却无法消除歧义。在具体的语境中,歧义的消除是很容易的。由于语言的线性特征(即人在处理语言时的线性模式),在交际中,言语的歧义必须能够在某种层面上得以消解,否则就会引起困惑。其次,支持含意推导。说话人经常在交际中使用某些暗示性话语,要理解其中的含意更需要结合语境信息进行推导。

③语境对交际者关系的选择功能。话语本身可以传达一定的信息,如说话人对双方的熟悉程度、身份、话语权力等信息的认识和预设。然而,同样的话与不同的语境互动可能产生不一样的结果,不同的语境可能对会话双方的关系进行重构。语境对交际者关系的选择功能具体体现在以下几个方面。

确定人物关系。称呼语的使用可以显示出说话人与听话人的亲疏程度,但有时候同样的称呼语在不同的语境中会有不同的表达效果。

确定话语身份。身份既不是给定的,也不是一个产物,而是一个过程;身份不是简单地源自个体,而是来自磋商过程和具体语境等。既然身份是动态的、磋商的,那么一定是在具体的语境中反映出来的。也就是说,语境对话语双方的身份进行了选择。

④语境对话语方式的选择功能。从宏观的社会语用角度看,语境还对说话人的说话方式有制约作用。粗略地说,说话方式有直接与间接、礼貌与不礼貌、得体与不得体之分。这几个维度无法穷尽话语方式,但无疑是比较主要的方面。此外,这几个方面无法截然分开,如得体往往意味着礼貌和间接,但也不是必然,间接不一定意味着礼貌,礼貌也不一定意味着得体。

选择直接与间接。针对言语行为,直接与间接就是越不加修饰甚至粗鲁地表达个人意图,就越直接,反之就越间接。选择直接或间接的表达方式要看语境,并非越直接或越间接越好。如果是在日常交往中,用语一般应当选择间接的表达方式,以体现文明、平等、礼貌等。

判断礼貌与不礼貌。同样一句话,在不同的语境中,可能是礼貌的,也可能是不礼貌的。例如,"麻烦你把这份文件打印出来一下,我马上要用。"麻烦"是因为自己要求别人做事而表示歉意的表达。如果说话人是公司董事长，听话人是秘书，作为秘书，文件打印之类的事是分内事，那么这句话是很礼貌的。但是，若反过来，是秘书对董事长说的话，无论理由有多么充分，这句话都是欠礼貌的，因为秘书要求董事长为其做一件不是分内的事，措辞就应当更加委婉和礼貌。

确定得体与不得体。得体与否还有一个同义词就是"合适"与否，做出一个合适的话语选择需要考虑多种因素，如社会的、认知的、人类学的、文化的及个人的等，简单地说就是交际应当基于人的情感达到一种平衡状态这一前提。那么，在特定的语境下就应当说特定类型的话，如果话语与语境不匹配，就会产生不好的效果。明白在什么情况下说什么话是十分必要的。

2. 跨文化交际语境

语境知识是基本交际要素之一，并且认识语境的重要性是语言能力的一种重要体现。有的学者就指出，语境知识既包括语言知识又包括语言外知识：语言知识是对所使用语言本身语音、词汇、语法和语用规则的掌握；语言外知识则包括背景知识、情景知识、相互知识。背景知识不单单是关于某种文化的行为准则和交际规则，还包括百科全书式的常识性知识等；情景知识则涉及交际的要素：时间、地点、交际的主题、正式程度及参与者之间的关系等；相互知识则是不仅指交际双方共同具备的知识，并且包括双方都有各自具备的知识。因此说，在语言的实际运用中，所涉及的知识是方方面面的。

【内容小结】

本章主要分析了翻译、文化、跨文化交际这三个知识点。其中，关于翻译的理论知识，重点介绍了翻译的定义、过程、分类等，帮助学生有效建构翻译基本理论体系。关于文化方面，主要论述了文化的定义、分类、功能等，文化是一个十分庞杂的体系，涉及的内容比较多，但这部分主要目的在于让学生对文化这一基本概念有一个初步的认知。对于跨文化交际，在分析交际的定义、特征、要素、模式等基础上，研究了跨文化交际的定义、跨文化交际与情景的关系、跨文化交际语境阐释，从而为下述章节的展开做好理论上的铺垫。

第二章　英汉翻译与跨文化交际研究

【本章要点】

在英汉语言翻译实践的过程中,很多文本都会涉及文化因素,这些因素往往会给翻译带来困难。为了有效避免文化因素对翻译实践的影响,译者需要充分了解两种语言背后的文化,具备跨文化意识,把握文化差异对中西语言翻译实践的影响,采用合适的文化翻译策略,如此才能准确传达原文内涵,译出地道的文章。

【学习目标】

1. 掌握中西文化差异及其对翻译的影响。
2. 了解英汉翻译与跨文化交际之间的密切关系。
3. 熟知常见的英汉翻译策略。

第一节　中西文化差异对翻译的影响

一、中西思维文化差异对翻译实践的影响

（一）汉语重形象思维,英语重抽象思维

汉字起源于象形文字,直接从原始图画发展而来,从最初就具有直观性,其意义以字形与物象的相似为理据。汉语中有丰富的量词,量词也是汉语形象化的体现。世间万物,千姿百态,形状各异,汉语中形形色色的量词形象生动，准确鲜明，对事物的姿态一一进行描述，如一朵花、一面镜子、一匹马、一盏灯、一堵墙等。而英语只突出被描述的客体和数量，因而与以上汉语相对应的英文是：a flower、a mirror、a horse、a lamp、a wall。

汉语里量词的大量存在是与中国人擅长形象思维分不开的，一把雨伞、一面旗、两尾金鱼、三艘船，这些量词与该名词的形象有关。英语虽然也有量词，但是数量上远没有汉语多，也没有汉语量词形象生动，并且同一个量词往往可以配上许多不同的名词，如英语中：a piece of news、two pieces of paper、a piece of land、a piece of furniture、a piece of information，同一个量词 piece 翻译成汉语却是：一则新闻、两张纸、一块土地、一件家具、一条信息，对应五个不同的量词。

汉英这种思维差异不仅体现在字形上，还在两种语言的语法中有所反映。逻辑严密的英语语法反映出英美民族偏重抽象理性的思维特点。例如，英语"The child himself bought a book."可转换为"The child bought a book himself."（这孩子自己买了一本书）；"He arrived after 4 weeks."可转换为"He arrived 4 weeks after."（四个星期后他才到）；"I don't know whether he is well or not."可转换为"I don't know whether or not he is well."（我不知道他的身体究竟如何）；"After dining at the Jones's, I met him at my tailor's."可改变词序"I met him at my tailor's after dining at the Jones's."（在琼斯家吃了饭，我在裁缝店遇见了他）等。而汉语的词序则是不可改变的，先吃饭，后到裁缝店，然后才遇见他，词序表达必须按生活实际的时间顺序来安排表达顺序。

汉语偏重经验感性的思维特点产生于汉民族的传统文化。汉民族文化重视实际生活经验，所以人们常说"嘴上无毛，办事不牢""老将出马，一个顶俩"。古汉语文章竖行从右至左书写，无标点符号，不分段落，一气呵成。这些说明了英汉语言的不同特点。

汉语的词序具有临摹现实、重经验感性的思维特点。汉语词语前置或后置反映出生活经验的时间顺序。在叙述动作、事件时，往往按事情发生的自然顺序排列句子，先发生的事件或事物在先，后发生的就在后。例如，汉语成语"一触即发"，先是"触"，然后才是"发"，英语中则可译为 explode at a touch，"爆发"可置于"触"之前；"一点就通"，先是"点"，然后才是"通"，英语则可译为 understand at a hint，"通"在前，而"点"在后。再如，英语"I'm taller than he."，taller（较高）在前，

than（比）在后，而汉语则说"我比他高"，"比"在前，然后才知高矮。此类例子不胜枚举。

通过上述例子我们可以看出，英语词序偏重语法逻辑的理性特点，而汉语词序则是实际生活经验的一种临摹，反映出重经验感性的思维特点。

（二）汉语重整体思维，英语重个体思维

英汉构词的这种思维差异在表示星期的这组词上体现得尤为明显：汉语中表示一周内第几天的词是用星期加上数字表示（周末"星期日"除外），如"星期一、星期二、星期五"等；在英语里这些只是一个个词形上毫无联系的词，如 Monday、Tuesday、Friday，从英语单词的词形看不出单词间的任何顺序关系和具体联系。

汉英思维上的这种差异也体现在时间和地点词语的排序及语篇的篇章结构上，如下面这个句子：

"At eleven minutes past 1 a.m. on the 16th of October 1946, Ribbontrop mounted the gallows in the execution chamber of the Nuremberg Prison."

对应的汉语翻译是："1946 年 10 月 16 日凌晨 1 点 11 分，里宾特洛甫走上纽伦堡监狱死刑室的绞架。"

二、中西意识形态差异对翻译的影响

翻译作为一种跨语言、跨时空、跨文化交际的行为，或多或少地受到了政治因素的制约和影响。翻译，从根本上讲，就是向本土文化意识形态输入异域文化的意识形态因素。目前，翻译理论界有识之士已经意识到，翻译活动不是纯客观的语言转换，而是涉及源语和译入语两种文化，尤其是译入语文化语境里的翻译与权力、翻译赞助人以及诗学观念等。

在中国传统翻译理论中，翻译的道学家们把那些仿译、伪译、伪作一概排斥在译学领域之外。20 世纪 80 年代，翻译理论家们不再将自己局限于对"等值"的探讨，将目光投向广阔的文化空间。他们认为，翻译不仅仅是一个简单的语言符号解码过程，而且被赋予某种权力为读者建构某种文学形象。

意识形态对翻译的操控力是强烈而持久的。翻译活动的对象是语言,而意识形态的建构又离不开语言,因此对社会的意识形态的操控必然会引起对语言工作的操控。操控学派是翻译文化学派的重要组成部分。翻译是操控,且存在于受操控的社会;翻译过程中避免不了改写,始终受制于各种约束力,是特定社会主流意识形态和诗学操控的结果。这些权力无时无刻不在影响着译者在翻译过程中的抉择。

文学是一个具有约束机制的系统,其约束力主要来自包括意识形态、地位要素等制约因素在内的系统外赞助人以及包括文学技巧、自然语言的系统内诗学。到 20 世纪 90 年代初,勒菲弗尔(Andre Lefevere)与巴斯奈特(Susan Bassnett)合作将翻译研究学派的理论研究进一步推向深入。

从诗学的角度看,翻译是从技术的角度对原文进行改写。"改写"可能主要包含以下这样三层意义。

(1)文学史的改写。

(2)文学作品的改写、改编成其他的形式。

(3)翻译的改写。

值得一提的是,随着现代掌握拉丁语和希腊语的人越来越少,当时被改写的译文往往替代了原文。赞助人与其说是对"诗学"感兴趣,不如说是对意识形态更感兴趣。

第二节　英汉翻译与跨文化交际

一、跨文化交际翻译的可能性与可理解性

人类本身的共性,包括不同语言的共相存在,地区文化的相识性和人类所共同具有的感知能力和领悟力,构成了跨文化交际的可理解性。但不同语言与文化的个性和特殊在一定程度上又构成了沟通的障碍,从这个意义上说,翻译是有一定限度的。在翻译研究中,普遍认为翻译中一般存在着一定程度的语言不可译和文化不可译。

前者是指目标语没有与源语文本相对应的语言形式。究其原因,一是源语中两个或两个以上的语法单位或单词共用一个语言形式;二是源语单位一词多义而目标语则未能相对应;三是谐音谐义的不同或不同的双关词语。文化不可译是指与源语相关的语境特征在译语文化中不存在。例如,作为一个民族的宝贵精神财富文化负载词,但在其他语言文化中很难找到对应词汇,这给翻译带来巨大的困难。但从另一侧面来看,跨文化交际翻译的可能性与可理解性早已为翻译实践所证明。随着文化全球化和全球经济一体化的深入发展,人类交往越来越频繁,许多过去似乎无法沟通的或是无法翻译的东西现在能翻译了。从翻译技巧的角度看,译者若紧扣源语的含义,不死抠字眼,至少能对作者的意思进行诠释或引申,这样可实现和提高跨文化的可译性。当然,深入了解人类交流的困难与障碍,交流的可行性与限度对跨文化交际翻译研究至关重要。

二、跨文化中的隐语结构的翻译

汉语中的"猫哭老鼠"和英语中的 to shed crocodile tears 都是假慈悲。"一箭双雕"与 to kill two birds with one stone 乃是异曲同工。汉语接受了不少英语的这类比喻,有容乃大。汉语之所以能够容纳这些新的形象词语,其根本原因在于,外国文化和事物不断介绍到中国来,逐渐为中国人民所熟悉,这些新鲜词语也丰富了汉语的表达法。例如,西方的扑克牌在中国的流行使很多来源于此的形象说法为中国人所接受。

show one's card with someone/have a showdown with sb. 意为"与某人摊牌"。所以, to put all the cards on the table 对粗通英语的中国人来说那是"打开窗户说亮话",再明白不过的了。但也要注意,不要不分场合地使英语说法带上特有的中国色彩,给洋人穿上"长袍马褂"。例如,不可将英语熟语"In the country of the blind, the one-eyed man is king."译成中国的典故"蜀中无大将,廖化充先锋"等。

从影视文化、宗教及饮食文化的角度出发,一旦语言与文化交融在一起,"译"则难尽其意。因为言辞有限,而文化的范畴又如此之广泛,很难兼顾二者。例如,美国前总统里根在总统竞选中与民主党总统候选人蒙代尔进行电视辩论时,蒙代尔就里根的对外政策进行质问,所用的一句话竟是快餐店老板的一句家喻户晓的广告词"Where is the beef?"其意是"你外交政策的精粹之处在哪里?"引起听众开怀大笑,从此成为名言。蒙代尔为了迎合下层民众而使用通俗广告言语,效果不俗。问题是将"Where is the beef?"翻译成中文就让译家大伤脑筋,不知如何处置。

显然,比喻信息的编码常受时空的限制,即受不同时代、不同地域和不同民族文化的影响而有所不同,各民族生存的环境和由来已久的社会意识必然给比喻增光添彩。中外的比喻就自然呈现出异彩纷呈的语用差别。从跨文化的角度来说,比喻的民族性与文化的相对性有关,文化的相对性承认文化的多元性。此外,特定的文化有其固定的价值标准,不同的民族透过同一喻体的不同运用,可体现其价值观。随着社会发展,各国的交流日渐频繁,地球显得越来越小,人们越来越感到需要彼此借鉴与接受,因而有了越来越多的共同说法和用语。例如,CDMA(2.5代手机通信系统)、Taoism(道)、开放(kaifang)等。为了促进文化交流,有时不妨中英直译对方的比喻以保存原文的形象描述,它常给人一种新的视角,予人以新鲜的语言感受。

walrus moustache 用汉语的"八字胡"来译,可以接受,但难以传神;也许直译为"(像)海象的胡子",倒可使中国人有了英美人同样的联想。中英文竟然都有"山羊胡子"(goatee)的说法。但英语还有 handle bar beard 的说法,直译成中文就是"像赛车车把一样的胡子",中国人得想一阵子才能建立其形象。

形象词语鲜明突出,翻译时有法而无定法。它们与上下文的关系是决定如何翻译的重要依据。例如,"Can the leopard change his spots?"这个成语就有好几种译法。

(1)狗改不了吃屎。

(2)江山易改,本性难移。

(3)豹子改得了它身上的花斑吗?

三者都合乎原意,都好懂,但第一种是口头通俗语,不宜登大雅之堂;第二种译成了四字成语,比较"文"一些,适合书面语的表达;第三种是直译,汉语读者不太习惯,需要琢磨一下才能领会,但有一种"洋味",给人一种新的文字形象。像后一类的外来形象,见多了,人们也会喜欢的。

"In the country of the blind, the one-eyed man is king."常译成"山中无老虎,猴子称霸王"。但在英国作家赫伯特·乔治·威尔斯(H. G. Wells)的短篇小说《盲人之国》(The Country of the Blind)中,主人翁在进入盲人国时不断地想到这句话,以为自己大有可为,因为只有他才看得见。这句话显然只能照字面上译"在盲人国里,独眼人也能称王"。

语言的形象始源于人类社会的生活,经过人们的不断借鉴运用,不断提炼,变成一种生动活泼的表达手段,把它们翻译成另一种语言时,要求完全传达其形、其味,真是不容易。

第三节 跨文化交际下英汉翻译的策略

一、翻译策略的概念

翻译策略是一个与翻译实务密切相关的概念,是每一名翻译工作者与翻译研究者都需要弄明白的问题。具体而言,翻译策略主要涉及三个基本任务:一是明确翻译目的,解决为什么而译、为谁而译的问题;二是确定所译文本,解决翻译什么、为什么要翻译这个文本的问题;三是制定操作方式,解决怎么译、为什么要这么译的问题。策略具有明显的解决具体问题的对象性、针对性和预测性,着重理论分析和归纳性理据分析,同时又鲜明地指向实践。

当译文保留原文中所有的交际线索,以求保留原文的风格时,就是"直接翻译"。反之,当译文只求保留原文的认知效果,保留原文的基本意义,对原文的表现形式做较大的改动时,这种翻译就是"间接翻译"。

翻译策略是译者为达到或完成其整体目标而选择的一整套最佳翻译方式。翻译不仅是一种语际交际,更是一种跨文化交流。由于英汉两种文化中的人们在地理位置、文化背景、价值观念、生活方式等方面存在着很大的区别,而且英汉两种语言也属于不同的语系。因此,在翻译策略选择上文化因素往往是译者必须考虑的首要因素。[1]

由于语言本身的特点、翻译目的的复杂性和翻译"形势发展"的多变性,翻译策略的使用是没有统一固定模式的。在翻译实践过程中,虽然译者可以采用各种各样不同的翻译策略,但自古以来的种种翻译策略可以大致分归为两大类:一类为"归化式"翻译策略;另一类为"异化式"翻译策略。前者的目的在于"征服"源语文化,试图从内容到形式将源语文本"完全本土化";而后者则相反,其目的在于"译介"源语文

---

[1] 黄勇.英汉语言文化比较[M].西安:西北工业大学出版社,2007:59.

化,使目标文本读起来像源语作品一样。从方便讨论的角度讲,我们赞同这种分类。

二、翻译策略与翻译方法

翻译方法也就是要解决源语文本转换成译入语文本问题的门路和程序。翻译方法与翻译实务密切相关,与翻译策略紧密相连,二者常常被混为一谈,互相通用。翻译策略是翻译方法的指导原则,后者是前者在操作方法、技巧上的具体体现。与翻译策略一样,历史上人们常常按传统二元逻辑来加以区分,其中直译与意译这两种方法是在我国乃至世界翻译史上讨论得最多、争论得最为激烈的一个问题。之所以出现这些争论,其中既有技术层面上的优劣之辩,甚至还有形而上的对翻译使命的不同思考。

应该指出,虽然翻译方法上的二元对立是人们最为熟悉的传统。事实上,自古以来还有许多不以二元对立归类的、更加具体和微观的翻译操作方法和技巧。我国在20世纪80年代初出版的翻译教材讲述的翻译方法与技巧包括:词义的选择,引申和褒贬,词类转移法,减词法,重复法,正反、反正表达法,分句、被动语态的译法,定语从句的译法,长句的译法,数词、习语、拟声词、特别语词的译法等。20世纪90年代出版的翻译教程也基本上沿用以上方法与技巧,如增加变通和补偿手段:加注、增益、视点转换、具体化、释义、省略、重构、移植等。有的教材或翻译专著还用不同的术语指称相同的一些概念,如分切、词性转换、语态转换、阐释或注释、引申、替代、增补、省略、重构、移植等。[①]

翻译实践表明,用现代翻译学的眼光看,也不应机械地坚持所谓"死译""直译""意译"的三元对应。翻译的策略和方法不是一成不变的,要量体裁衣,灵活处理。

总之,在选择翻译策略与方法的问题上,需要考虑作者的意图、翻译的目的、译文的功能和读者对象等因素。更重要的是在翻译过程中,译者要有深刻的跨文化意识。

---

① 张全.全球化语境下的跨文化翻译研究[M].昆明:云南大学出版社,2010:65.

三、翻译中的"洋腔洋调"和"接地气"

All for the purpose not to marry out of love is where bullying.
直译：没有爱情的婚姻都是不道德的婚姻。
意译：一切不以结婚为目的的谈恋爱，都是耍流氓。
美国作家约翰·巴勒斯（John Burroughs）在谈到何谓风格时有这样一句话：Style transforms common quartz into an Egyptian pebble.
异化式直译：风格，能将平凡的石英变成奇异的埃及卵石。
归化式意译：风格，能够化腐朽为神奇。

这里的"洋腔洋调"指的是直译和异化，"接地气"指的是意译和归化。这里包含了直译和意译、异化和归化两对概念，我们有必要廓清它们的定义，厘清它们之间的关联性。

（一）直译和意译

1. 直译（literal translation）

译者关心的是语言层面的技术处理问题，即如何在尽量保持源语形式的同时，不让其意义失真，就是让译文和原文用相同的表达形式体现相同的内容，从而保留了原文的表达方式和民族文化色彩；直译要保证文通字顺，避免硬译。

2. 意译（free translation）

在语言出现不同的文化内涵和表达形式时，当形式成为翻译的障碍时，当译文和原文无法用相同的表达形式来体现相同的内容时，译者舍弃原文的表达方式和民族文化色彩，就是意译。意译要避免胡译。

3. 直译和意译的关系

直译和意译之争的靶心是意义和形式的得失问题。直译和意译是两大基本翻译方法，是相互依存、互为补充的关系。词、短语、句子、段落、篇章的翻译，都有可能是直译和意译相结合的产物，只是以哪种为主的问题。但是，二者的地位还是不一样的，能直译就直译，不能直译就意译。

（二）归化和异化

1. 归化

所谓"接地气"就是归化，"归化"，按《辞海》的解释，即"入籍的旧称"。翻译的"归化"喻指翻译过程中，把客"籍"的出发语言极力纳入归宿语言之中。英译汉就不遗余力地汉化；汉译英则千方百计地英化。归化是指在翻译中采用透明、流畅的风格，最大限度地淡化原文的陌生感的翻译策略。它应尽可能地使源语文本所反映的世界接近目的语读者的世界，从而达到源语文化与目的语文化之间的"文化对等"。

归化有两大好处：一是译文流畅自然，二是译文对于译文读者而言可读性强。这种翻译策略"尽可能不扰乱读者的安宁，让作者去接近读者"，为读者扫除语言文化的障碍。缺点是原文的异质文化的内涵被削减、改变甚至被同化，意象受损，文化交流受阻，看不出原文的异域特色。归化则倾向于读者的阅读习惯，符合读者的文化价值。

2. 异化

所谓"洋腔洋调"就是异化，是指偏离本土主流价值观，保留原文的语言和文化差异的翻译策略；或指在一定程度上保留原文的异域性，故意打破目标语言壁垒。

异化也是常规的翻译策略。它主张在译文中保留源语文化，丰富目的语文化和目的语的语言表达方式，有助于读者"开眼"看世界。异化强调靠近作者的语境，感受到异国文化的情调。这种翻译策略"尽可能不扰乱原作者的安宁，让读者去接近作者"，增加了读者负担的同时，也输入了与目的语不同的源语的异质文化，让读者得以领略更多的异域文化和社会风俗。

3. 归化和异化的关系

归化和异化不是绝对的二元对立的，没有绝对归化的译文，也没有绝对异化的译文，往往是归化中有异化，异化中有归化，在实际操作中只是个主次的问题。不管归化还是异化，在实际翻译中都不宜，也不可能一以贯之，只能是长期并存、互为补充的关系。在翻译中并用互补、辩证统一。

第二章　英汉翻译与跨文化交际研究

译者始终面临着异化与归化的选择,通过选择使译文在接近读者和接近作者之间找一个"融会点"。这个"融会点"不是一成不变的,它有时距离作者近些,有时距离读者近些,但无论接近哪一方,都要遵循一条原则:接近作者时,不能距离读者太远;接近读者时,不能距离作者太远。异化时不妨碍译文的通顺易懂,归化时不失去原文的味道。由于翻译的目的、作品的特点、目标受众的不同,翻译策略还要有针对性地应用。

(三)归化、异化与直译、意译的关系

这两对概念貌似大同小异,其实内涵和外延还是不一样的。我们不妨把它们视为一奶同胞的两对双胞胎,第一对是归化和异化,第二对是意译和直译。归化和异化可看作直译和意译的概念延伸,它们之间有联系但并不完全等同于直译和意译。直译、意译是翻译方法,而归化、异化是更高层次的翻译策略,翻译策略可以指导翻译方法。归化和异化包含了深刻的文化、文学乃至政治的内涵。归化和异化是一种文化上的谋划,体现了译者应对源语文化的取舍,表明译者的文化立场和文化态度,即在翻译这种文化互动中,是求"同"还是存"异"。如果说直译和意译只是语言层次的讨论,那么归化和异化则是延伸到文化、诗学和政治层面。

什么样的译本会受到大多数读者的青睐,那要看在一定的时空下,读者群的主体成分及其意识形态和审美倾向是什么。

正如埃文·佐哈尔在他的多元系统翻译观中表述的那样,来自异域的新的文学模式的出现,翻译文学不仅成为各种时尚文学手法传入国内的渠道,而且还是改良本国文学的最佳选择。外国微型小说在20世纪80年代在中国的初期接受就是这样。第一代微型小说译者不仅将这一全新文学样式带入国内,而且在有意无意之间,通过归化翻译策略的实施,赢得了外国微型小说第一代读者的心,并且直接催生国内微型小说原创的发生和发展。

(四)可译还是不可译

每种语言都有其独特的文化内涵、民族心理、价值观念和审美理念,这些语言要表达的内容、思想、感情、风格、神韵能否在另一种语言中得到镜子般的模仿和再现,就是可译性与不可译性这个古老的命题。对

此,中西学者各执一词。

1. 不可译性

认为语言和语言之间的差别不在于语言和符号的不同,而在于对客观世界的看法不同,不同语言之间的词语难以一一对应,各语言有不同的音系结构、词语结构和修辞结构,由这些语言因素组成的语言风格是不可译的,从一种语言译成另一种语言实质上是不可能的;"语言不可译性"表现在字形、语音、词汇、语法和文体风格等不同层次上。

"文化不可译性"的原因可能是生活方式和风俗习惯的差异、宗教信仰与价值观念的差异、社会文化背景的差异等。在翻译材料上以文学作品的附加值——审美功能造成的困难最多,在诗歌体裁、作家风格、修辞手法、词汇空缺等方面表现得尤为突出,如中国古代诗歌是一个抒情诗(lyric)传统而非史诗或叙事诗传统,最早的美学提供者主张"知者不言,言者不知"(老子),要求"不着一字,尽得风流"(司空图),认为诗"不涉理路"(严羽),迥然不同于西方自亚里士多德以来偏向形式主义、注重逻辑分析的文学传统。叶维廉在《中国诗学》里认为:由于古代汉语在语法上相当灵活,不像印欧语系的语法里需要那么多定词性、定物位、定动向、属于分析性的指义元素才能连词成句,文言的这种灵活性让字与读者之间建立一种自由的关系,读者在字与字之间保持着一种"若即若离"的解读活动,在"指义"与"不指义"的中间地带,而造成一种类似"指义前"物象自现的状态。例如,汉语的双关、回文、对联、拆字、四声,英语的头韵、尾韵都很难在形式上还原。

2. 可译性

用任何语言表达的信息都可以译成另一种语言,这就是可译性。不同民族的文化共性多于个性,具有认知表达功能的语言在不同民族的交往中具有可理解性;人类思维的内容与基本形式是同一的,因此在语际转换中的语言是"可译的"。

3. 可译性与不可译性的关系

翻译在本质上是可译的,可译性是绝对的,而不可译性是相对的。这是符合人类对客观世界认识规律的。语言也是不断发展的,人们的认识也在不断提高,以前认为不可能的事情,现在都变成了现实,而现在

第二章　英汉翻译与跨文化交际研究

不可能的事,将来会成为可能。同理,语言的翻译也是如此。一种语言能表达出来的东西,肯定能在另外一种语言中找到恰当的表达方式。

综上所述,可译和不可译问题是翻译界不断讨论思辨的一个话题,可译性的相对性从本质上说是一个语言哲学问题。翻译路漫漫,译不可译,尤有可译。翻译从来也只能是一个绝对的"不可译"与相对的"可译"相互扶持的过程。

四、归化与异化策略的实践

在当今世界多元文化的语境下,异化与归化的交锋和对话已经成为中国和世界翻译界的一个热点话题。在中国翻译史上,异化翻译的典型代表人物应该是鲁迅。这一时期也是我国翻译理论和翻译实践蓬勃发展的黄金时代。鲁迅以睿智的眼光、独特的视角挖掘出传统翻译理论的新异之处。

异化和归化的争论是由于人们在两个方面认识上的混淆所致:一是把异化与归化完全对立,二是忽视异化与归化存在于语言和文化两个层面。虽然是翻译界在处理文化差异问题上所产生的两种对立的翻译策略,其界限是模糊的,它是由极端归化到极端异化所构成的一个连续体。也就是说,异化策略范畴和归化策略范畴各自包含有一系列的次范畴,它们的边缘次范畴是相互重叠的。随着时间的推移与社会的发展,在某一时期被认为是异化策略范畴下的非边缘次范畴有可能变成了归化策略范畴下的非边缘次范畴。语言层面的异化应考虑如何在保持源语形式的同时,当形式成为翻译的障碍时,就要采取归化。在处理直译、意译与归化、异化之间的关系问题上,要运用辩证统一的观点。[①]归化和异化都是翻译中不可或缺的策略,各有其长短,互为补充。

（一）归化实践

所谓归化,就是译者从译入语的读者的立场出发将源语中的异国情调变译成读者喜闻乐见的本国风味,或是在表达方式上,或是在文化色彩上。这是一种"读者向的"（reader-oriented）或"目标语文化向的"

---

① 张全.全球化语境下的跨文化翻译研究[M].昆明:云南大学出版社,2010:69.

（target language oriented）翻译。其特点就是译文生动流畅，语言地道自然，意义清楚明白，读者好读好懂。

这种策略常用于中国传统翻译，特别是文学翻译。林纾一生翻译了大量的外国文学作品，基本上都采用归化翻译。英国翻译家、汉学家大卫·霍克斯（David Hawkers）在翻译中国文学名著《红楼梦》时，也采用归化翻译。例如，书名《红楼梦》他译成 The Story of the Stone，其中有关文化冲突或文化空缺的语词都采取了归化翻译。例如：

贾宝玉品茶栊翠庵，刘姥姥醉卧怡红院。

Jia Baoyu tastes some superior tea at Green Bower Hermitage; and grannie Liu samples the sleeping accommodation at Green Delight.

这是翻译的《红楼梦》中的一章回的标题。显然，霍克斯采用了归化策略，将"栊翠庵"译成 Green Bower Hermitage，将"怡红院"译成 Green Delight。众所周知，"庵"是佛寺，尼姑修道的住处，而霍克斯把它译成了 Hermitage。Hermitage 是早期基督教徒（天主教、东正教等）修道的机构或地方，将佛教的概念归化成基督教的概念（虽然不一定可取），让英语读者一目了然，不会由于文化缺项而产生文化隔阂。霍克斯将"怡红院"译成 Green Delight——"怡绿院"。这一大胆的归化也是有其道理的。红色对中国人和英美人而言，会产生不同的理解和联想。"红色"对汉语文化的人而言，表示喜庆、幸福、吉祥，但在英语国家的人眼中，红色则意味着革命、流血、危险或暴力，会给人以恐惧和害怕的感觉。而英语里的绿色和金黄色具有类似红色在汉语里的联想意义。因此，霍克斯将红色改译成绿色符合英语文化读者的美学标准，从而可以获得与原文读者相似的审美感受。①

这几年，在杭州的钱塘江边，高楼大厦如雨后春笋般地涌现。

During this couple of years, high buildings and large mansions have sprung up like mushrooms along the Qiantang River, in Hangzhou.

原文是"雨后春笋般地涌现"，译文归化为"蘑菇般地涌现"，更贴近英语国家人的生活，更符合英语的表达习惯。

（二）异化实践

所谓异化，就是译者为传达原作的原汁原味，在翻译中尽量保留原

---

① 黄勇. 英汉语言文化比较[M]. 西安：西北工业大学出版社，2007：23.

第二章 英汉翻译与跨文化交际研究

作的表达方式以便让译入语的读者感受到"异国情调",就是所谓洋气。这是一种"作者向的"(author-oriented)或"源语文化向的"(source language oriented)翻译,即译者将译入语的读者引入作者及其文本。异化主要体现在词语的空缺和句法表达的"方便"这两个方面。中国由于其经济实力的日益增强和文化形象的不断提升,所以汉语中的不少词语便直接进入英语和被借入英语,成为世界英语中的又一新的变体——中国英语。

中国英语的形成其实经历了一个汉译英逐步异化积累的演变过程。起先是"洋泾浜英语"(pidgin English),它多用于洋场,进行商贸交易,是一种中英夹杂的英语。后来,中国人开始学习和使用英语,由于母语的迁移作用,在英语的表达上照搬一些汉语的词语样式和汉语的句子结构,这便有了"中式英语"。

这两种英语都不被标准英语所接受。现在,翻译的"文化转向",对译者和读者的翻译观进行了一次洗礼,翻译要在平等互利的原则下进行文化传播和沟通,所以"中国英语"便应运而生。中国英语是洋泾浜英语和中式英语的渐进、积累、演变的结果。它已为标准英语所接受,成为世界英语中的一员。可以预料,中国英语会随着中国这个语言使用大国地位的不断增强,由今天的一种行为英语发展成为一种机制英语。[1]

汉译英的异化主要体现在文化词语的翻译上。《牛津英语词典》中以汉语为来源的英语词汇有一千余条。例如:

旗袍 cheongsam;孔子 Confucius;风水 fengshui;易经 IChing;磕头 kowtow;功夫 kungfu;老子 Lao Tzu;麻将 mahjong;太极拳 tai-chi;道,道教 Taism;豆腐 tofu;阴阳 Yin & Yang;饺子 jiaozi;衙门 yamen;喇嘛 lama;炒锅 wok;高粱 kaoliang;茅台酒 maotai;麒麟 kylin;算盘 suanpan;馄饨 wonton;炒面 chowmein;炒饭 chao-fan;杂碎,杂烩 chop suey;小康 xiaokang;普通话 putonghua;亩 mu;斤 jin;两 liang;元 yuan;角 jiao;分 fen 等。此类带有鲜明的中国文化特色的词汇一般都采取音译的方法,占汉语进入英语所有词汇比例最大。[2]

也有采取意译的方法来译的。比如:

《四书》*Four Books*;《五经》*Five Classics*;龙舟 dragon boat;走狗

---

[1] 王述文.综合汉英翻译教程[M].北京:国防工业出版社,2010:15.
[2] 同上.

running dog；洗脑 brainwashing；百花齐放 hundred flowers；纸老虎 paper tiger；改革开放 reform and opening-up 等。

还有些采取音译和意译相结合的方法。比如：

北京烤鸭 Peking Duck

"嫦娥"一号 Chang'e No. 1

中国航天员 taikonaut

taikonaut 这个绝妙的 China English 词语，它的诞生在一定程度上象征着中华民族的伟大复兴。数百年来汉语只有生活、宗教、饮食等词汇进入英语，现在 taikonaut 以汉语的构词方式译成英语，作为一个科技词语堂堂正正地进入英语词汇，表明中国科技发展的日新月异，中华民族已真正崛起于世界民族之林。学者们认为，"中文借用词"在英语里的骤增从一个侧面反映了中国文化与世界的沟通渠道正日趋宽阔，而文化所代表的软实力正日趋增强。除文化词语的异化翻译外，还有些句法表达在汉译英中也套用了汉语的表达方式，显得更为简洁便利。比如：

好久不见。

Long time no see.

不能行，不能做。

No can do.

加油！

Jiayou!

丢面子 / 保面子

lose face / save one's face

有些汉语成语或谚语运用了生动比喻修辞手段，在译成英语时也保留汉语中比喻形象，使译文显得原汁原味。例如：

你这是在班门弄斧。

You're showing off your proficiency with an axe before Lu Ban the master carpenter.

对"班门弄斧"这一成语采取直译，将其译成 showing off your proficiency with an axe before Lu Ban the master carpenter，既简明生动又忠实贴切，兼顾了意义的传达和文化交流。

俗话说"一寸光阴一寸金"，我们一定要抓紧时间，刻苦学习。

An old saying goes "An inch of time is an inch of gold." We should grasp every second in our study.

第二章　英汉翻译与跨文化交际研究

"一寸光阴一寸金"译成"An inch of time is an inch of gold."体现了中国人的时间观。

总之,译文要充分传达原作的"原貌",异化翻译应为翻译之首选。但采取异化的译法,如果完全不考虑译入语的特点,甚至违反译入语的表达方式,译文就会青面獠牙,吓跑读者。例如:

他老婆水性杨花,让他戴了绿帽子。

His wife has a nature of water and flying flower, and let him wear a green cap.

从译文的表层结构来看,与原文的词句是对应的,采用异化方式保留了原文的比喻形象,但从深层意义来看,译文显得怪异。a nature of water and flying flower 究竟是什么样的性格? 怎么 let him wear a green cap 完全没有逻辑性。由于译文采用原文的形象,英语读者不能产生与中国读者同样的意义感受,反而感到莫名其妙,不知所云。这种语用差异只好采用归化翻译来处理。可以译为:

His wife is a woman of loose morals, and he becomes a cuckold.

总之,归化和异化是两种不同翻译策略,是由译者的不同翻译目的所决定的。一般说来,它们并无优劣之分。只要用得得当,就可以获得译者所期望的结果。同一作品,大到整个文本,小到单个词句,采用异化或是采用归化应该依势而定。比如,上述已经提到的中国古典名著《红楼梦》的翻译,现有两个英译本,一个由中国翻译家杨宪益与其夫人戴乃迭所译,他们的目的就是让世界了解中国文化,接受中国文化,所以采用的是异化策略,将书名《红楼梦》直译成了 *A Dream of Red Mansions*。整个文本也尽量保留中国文化的原汁原味。另一个译本由英国汉学家、翻译家霍克斯和他女婿闵福德(John Minford)所译。他们的目的是让英语读者了解作品故事情节,好读好懂,所以采用了归化策略,将《红楼梦》译成 *The Story of the Stone*。这个译名舍弃了原文中可能引起英语读者误解的"红"的直译,将书名归化成《石头记》,符合英语读者的审美期待。文本中凡涉及文化冲突和文化缺项的话语,霍克斯都采用归化策略,将它们意译或变译成英语文化能理解和接受的东西。当然这种做法是否完全可取,则另当别论。但霍氏的译本在英语读者那里同样受到欢迎,他的翻译同样为传播中国文学做出了贡献。

【内容小结】

　　众所周知,翻译实践的顺利开展离不开文化因素,因为文化对语言的演变具有重大的影响。在一定程度上而言,语言自身或多或少都带有文化的影子。因而,英汉翻译实践的进行需要充分考虑文化因素。在跨文化交际过程中,文化的影响是显而易见的。本章首先分析了中西文化差异对翻译的影响,进而探讨了英汉翻译与跨文化交际之间的密切关系,在此基础上研究了跨文化交际下英汉翻译的策略,包括直译与意译、归化与异化等,并结合了相应的翻译实例,力求实现理论与实践的紧密结合。

第三章　跨文化交际下的英汉习语与典故翻译

【本章要点】

在中西方民族长期发展与演变的过程中,积累了丰富的语言使用经验,这些经验进而演变成一个个内涵丰富的习语、典故。然而,由于中西方民族所生活的地域、自然条件不同,所形成的习语、典故也存在明显差异,各自带有自身鲜明的特征。本章重点研究跨文化交际下的英汉习语、典故翻译。

【学习目标】

1. 掌握习语、典故的基础知识。
2. 了解英汉习语、典故的文化差异。
3. 学习英汉习语、典故的常见翻译方法。

第一节　跨文化交际下的英汉习语翻译

一、英汉习语的定义和类型

(一)英汉习语的定义

《辞海》(1989)把习语解释为:习语包括成语、谚语、格言、惯用语、歇后语等。张培基在《习语汉译英研究》(1979)一书中认为：习语又称"熟语"，就广义而言，它包括汉语中的成语、俗语、谚语、歇后语、粗俗语等。张春柏在《英汉汉英翻译教程》(2003)中认为：英语的习语有广义和狭义之分，从狭义上讲，英语习语指的是那种字面意义不同于实际意义的词组或句子；广义的英语习语包括短语或固定词组、谚语、成语、俗语、警句、格言、各种惯用法等。就汉语习语研究而言，迄今为止还没有一个比较严格的定义。

英语中的 idiom 也存在很多不同的定义。《牛津高级英语词典》(1984)对 idiom 的定义是："The language of a people or country; specific character of this, e.g. one peculiar to a country, district, group of people, or to one individual; phrase or sentence whose meaning is not obvious through knowledge of the individual meanings of the constituent words but must be learnt as a whole."《韦伯斯特美语词典》(1972)对 idiom 的定义是："An accepted phrase, construction, or expression contrary to the usual patterns of the language or having a meaning different from the literal."

对比分析上述定义我们发现，英汉习语都有广义和狭义之分，从狭义来讲，汉语习语和英语习语的差异较大；但从广义来看，二者大同小异，本书中的英汉习语都取其广义。因此，我们可将习语定义为：习语是某些特殊的定型的语言结构——短语、词组或表达法；其含义通常不可由其词的单项意义或字面意义推断，而应通过约定俗成的方式整体加以理解。

slang 即"俚语"，英语俚语是一种非正式的语言，通常用在非正式的场合，所以在用这些俚语时一定要考虑到所用的场合和对象，最好不要随意用这些俚语。下面是一些常用的俚语。

a couch potato 懒鬼，喜欢坐在沙发上看电视的人

a piece of cake 小菜一碟，易事一件

hit the jackpot 中了头彩

out of the pan and into the fire 每况愈下

colloquialism 大致相当于汉语的"俗语"，属于一种日常的非正式的口语用语。例如：

Keep it between you and me.

不要跟别人说。

Business is business.
公事公办。
as old as the hills 极古老的
There's more than one way to skin a cat.
另有办法。

(二)英汉习语中蕴含的文化信息

语言是人类社会最重要的交际工具,语言本身属于文化范畴,它通过词语来记载并反映特定地域和历史条件下发展的文化内容。王佐良认为,文化、语言及翻译之间的关系,是一种相辅相成、互为前提的关系,翻译工作者处理的是个别词,他面对的则是两大片文化。习语是人民大众在劳动中创造出来的,与人和人生活的环境密切相关。习语是一个民族语言的瑰宝和民族文化的结晶,习语与一个民族的地理环境、历史背景、经济生活、风俗习惯、宗教信仰、心理状态、价值观念等方面有着不可分割的联系。习语好比一面镜子,能清楚地反映出一个民族的文化特色。

1. 习语反映一个民族的生存环境

任何文化特点的形成都离不开它所处的生存环境。自然地理环境的因素对于人的心理具有很大的影响,在一定的地理环境中生活长久的人,对他们所处的自然环境产生了心理上的适应性,文化的各个方面都会在语言中留下蛛丝马迹。

中国文化是传统的农耕文化,因此汉语中就有很多习语能反映出汉民族的农耕习性。例如,"刀耕火种""春华秋实""五谷丰登""解甲归田""拔苗助长""斩草除根""枯木逢春""瓜熟蒂落""瑞雪兆丰年"等。

英国是一个岛国,四周环海。英国文化被认为是海洋文化的代表,航海和捕鱼在英国人民的生活中占有重要的地位,因此英语里面就有大量的与航海和捕鱼相关的习语,如 when one's ship comes home(当某人发财致富时),in deep water(在水深火热中),between the devil and the deep blue sea(进退两难),drink like a fish(形容一个人喝酒很厉害)。

2. 习语反映一个民族的宗教信仰

宗教是人类思想文化的重要组成部分。宗教信仰作为一种社会意识形态，对人类有很大影响。宗教对语言的发展有不可估量的影响，各民族所用的习语与该民族的宗教信仰有千丝万缕的联系。不同的宗教反映出不同的文化特色和文化背景，体现了不同的文化传统。

英国长期以来深受基督教文化的影响，因而有不少来自《圣经》和基督教的习语，如 the forbidden fruit（禁果）; a covenant of salt（不可背弃的盟约）; bear one's cross（背十字架）; as poor as the church mouse（一贫如洗）; gird up one's loins（准备行动）; The way to heaven is paved by weeping cross（忏悔受难，得升天堂）; God helps those who help themselves（上帝帮助自助的人）。

中国文化则受到佛教和道教的影响。两汉之际佛教传入中国，经过千年的吸收改造，逐渐形成儒、释、道三教共存的局面，汉语里便随之出现了一些来自佛教或与其有关的习语，如"一尘不染""不二法门""五体投地""现身说法""回头是岸""借花献佛""不看僧面看佛面""平时不烧香，临时抱佛脚""跑得了和尚跑不了庙"等。同样，道教对我国文化也有很大的影响，汉语中有一些习语直接或间接源自道教，如"灵丹妙药""脱胎换骨""回光返照""道高一尺，魔高一丈""八仙过海，各显神通"等。

二、英汉习语比较

（一）语言的形象性

英汉习语是中英两个民族各自文学宝库中绚丽多彩的瑰宝，是语言的核心和精华。英汉习语喜欢运用各种比喻来说明事理，看起来不仅用词简练、言简意赅，而且显得生动形象，常能引起丰富的联想。例如，在汉语中通常用"七嘴八舌"来形容人多嘴杂的场面；"狐朋狗友"泛指一些吃喝玩乐、不务正业的朋友；用"一朵鲜花插在牛粪上"来形容一个漂亮的女士嫁给了一个相貌平庸的男士；用"贼眉鼠眼"形容一个人鬼鬼祟祟、行为不端等，这些汉语成语真可谓明白通晓、形象生动。

英语中也有很多丰富多彩的比喻性习语，如"The advice I had given was like water off a duck's back."就运用了明喻的修辞手法，like water off a duck's back 比喻某些事情犹如水打在油脂丰富的鸭背的羽毛上，点滴不留，通常用于埋怨别人不听劝告。又如，"I should not call him an idiot but clearly he has got a screw loose somewhere or other."

运用了暗喻的修辞手法,习语 have a screw loose 比喻人的神经系统出了点毛病(松了颗螺丝)。再如:

Although official censorship ended in sane countries years ago, red tape can still shackle film-makers working there.

这里习语 red tape 运用的是换喻的修辞手法。据说在 17 世纪,英国习惯用红色的带子来捆扎官方文件,因此 red tape 就成了官方文件的象征,但到了 19 世纪,人们普遍认为这种习俗象征着英国官场的懒散。现在,red tape 用来比喻官样文章、文牍主义、官僚作风。

除了运用比喻外,有的成语还会运用拟人、夸张、对仗等修辞手法。这些修辞手法的运用,使得习语或幽默、含蓄,或严肃、典雅,不仅言简意赅,而且形象生动、妙趣横生,给人一种美的享受。

(二)语音的和谐性

习语语音的和谐性是指习语常常利用声音的和谐(euphony)使习语具有读起来朗朗上口,听起来和谐悦耳、易懂易记、生动有力等特点。为了实现习语语音的和谐,习语一般采用押韵、词语重复和对仗等修辞手法。

1. 押韵

许多汉语习语利用声韵来增加它的美感。例如:
三个臭皮匠,顶个诸葛亮。
人多主意好,柴多火焰高。
众人一条心,粪土变黄金。
嘴上无毛,办事不牢。
英语习语中的押韵一般分为两种:头韵(alliteration)和尾韵(end rhyme)。头韵是在一条习语中有两个或两个以上的单词以相同的辅音开头。例如:
as busy as a bee 忙如蜜蜂
as dead as a doornail 确死无疑
as still as a stone 稳如磐石
hot and heavy 猛烈地
part and parcel 重要部分
尾韵是在一条习语中有两个或两个以上单词末尾的重读元音及其

后随的辅音相同,而该重读元音前的辅音不同。例如:

art and part 策划并参与

by hook or by crook 不择手段

fair and square 正大光明

hurry-scurry 慌慌忙忙

Might makes right.

强权即公理。

East, west, home is best.

金窝、银窝不如自己的狗窝。

2. 词语重复

英汉习语通常采用词语重复的手法来使词语音节匀称、形式整齐,从而加强修辞效果。重复可以分为同词重复和同义重复两种。

第一,同词重复(repetition)。同词重复就是将相同的汉字或英语单词重复一遍或多遍,一般表示过程或加重语气,有些词义即为原有词义的引申。例如:

朝朝暮暮 day and night

马马虎虎 be careless

干干净净 clean and tidy

恩恩爱爱 love and cherish

三三两两 by/in twos and threes

step by step 逐步前进

measure for measure 针锋相对地

call a spade a spade 直言不讳

neck and neck 不分上下

第二,同义重复(tautology)。所谓同义重复是指构成习语的两个或多个词语的意义相同或相近,同义重复通常起强调作用,也可以使概念较为准确。例如:

称心如意 satisfactory

发号施令 issue orders

惊天动地 earth-shaking

奇谈怪论 strange tale

cool and calm 镇静自如

vim and vigor 精力旺盛
mud and mire 泥泞不堪
turns and twists 曲折

3. 对仗

除了语音和词汇手段外,英汉习语还采用对仗的修辞手法来提升表达效果。对仗是把同类或对立概念的词语放在相对应的位置上使之出现相互映衬的状态,使语句更具韵味,增加词语表现力。例如:

单丝不成线,独木不成林。
One strand of silk doesn't make a thread. One tree doesn't make a forest.
路遥知马力,日久见人心。
As distance tests a horse's strength, so time reveals a person's heart.
十年树木,百年树人。
It takes ten years to grow trees, but a hundred years to rear people.
人怕出名猪怕壮。
A famed person and a fattened pig are alike in danger.
宁为玉碎,不为瓦全。
It is better to die with honor than to live in infamy.
人以类聚,物以群分。
Birds of a feather flock together.
Least said, sooner mended.
说得少,错得少。
Penny wise, pound foolish.
小事聪明,大事糊涂。
A fall into the pit, a gain in your wit.
吃一堑,长一智。

(三)意义的整体性

习语是一个不可分割的整体,习语的意义具有整体性。习语意义的整体性应包含以下两层含义。

(1)习语意义的整体性是指习语作为一个整体,其意义不是组成该习语的各个单词的意义的简单相加,而是具有新的隐含义。一般而言,除少数习语的意义可以通过其组成的单词来理解外,绝大部分成语都必须作为一个整体来理解。例如，英语习语 eat one's words 不是表示"食言"，而是表示"收回自己说过的话或承认自己说错了话"；cat and dog life 不是表示"猫和狗的生活"，而是指"争吵不休的生活，尤指夫妻不和睦"。汉语习语"胸有成竹"比喻"做事之前已经拿定了主意"；"贼眉鼠眼"形容一个人"鬼鬼祟祟，行为不端"。可见，如果单从字面意义来理解习语，可能会荒唐可笑。

（2）习语的整体性还指习语的表达形式，可以突破语法规则和逻辑推理的限制，在理解习语时我们不能按常规的语法知识和逻辑惯例来理解习语。例如，ins and outs（兴衰），ups and downs（兴衰沉浮），diamond cut diamond（棋逢对手）。

这四个习语都有悖于语法规则，其中前面两个例子中的四个介词都加上了"s"，第三例中的 cut 按语法规则应该是 cuts。另外，英语习语 to have one's heart in one's mouth（大吃一惊）的字面意思是"把某人的心放在某人的嘴里"，to cry one's eyes out（痛哭）的字面意思是"把眼睛哭出来"，这都不符合逻辑：一个人不可能把自己的心放在嘴里，也不可能把眼睛哭出来。

三、英汉习语的翻译方法

（一）直译法

所谓直译法，就是既保留原文的内容又保留原文的形式，包括原文的修辞手段和基本结构，从而产生形神兼备、具有异国情调的译文。因为任何两种语言和文化总是有同有异，而读者具有理解和接受异国特有的语言表达法和异国文化特征的能力，所以直译法是习语最常用的翻译策略。例如：

牛郎织女 Cowherd and Weaving Girl
守口如瓶 keep one's mouth closed like a bottle
了如指掌 know something as if one's palm
趁热打铁 strike while the iron is hot
竭泽而渔 drain a pond to catch all the fish
玩火自焚 get burnt by the fire kindled by oneself
画蛇添足 draw a snake and add feet to it
调虎离山 lure the tiger from the mountain

a gentleman's agreement 君子协定
armed to the teeth 武装到牙齿
pour oil on the flame 火上浇油
A barking dog never bites.
吠犬不咬人。

（二）意译法

意译就是舍弃原文的形式与意象，翻译出原文的意义。由于中英语言文化方面的巨大差异，很多成语不能采用直译法。例如，英语习语"An old dog will learn no new tricks."比喻"老人学不会新东西"，如果我们按字面意思直译为"老狗学不会新东西"，在中国那是对老人的不尊敬，所以不能把该习语直译成"老狗学不会新东西"。对于这类在文化意象和语言结构上比较特殊的习语，我们一般选择意译。例如：

Hungry dog will eat dirty pudding.
饥不择食。
cherish a snake in one's bosom 养虎遗患
cry wolf 发假警报
to have a wolf in one's stomach 饥肠辘辘
to make sheep's eyes at somebody 暗送秋波
like a bull in a china shop 笨拙鲁莽
a skeleton at the feast 扫兴的人或东西

像上面的这些习语，如果按字面意思直译，一般汉语读者就会不知所云，或所得其意与原意相差十万八千里。比如，把"粗枝大叶"译成 thick branches and big leaves，英语读者肯定会以为这是在描写树木，而不会意识到这个习语是形容人粗心大意；如把 in a pig's eye 译成"在猪的眼里"，汉语读者还以为这个习语是一句骂人的话。所以，像这种按字面意思直译会误导读者或造成读者理解上的困难的习语，我们一般可以采用意译。

（三）直译加注法

直译加注与直译加解释的方法的优点和缺点都十分相似，其不同点在于直译加解释的解释是插入行文之中的，一般比较短小，而直译加注是以脚注和尾注的形式在行文或书的下方或结尾处进行注解，注解可长可短,短者寥寥几字,长者可以达数段甚至数页。

相比较而言直译加注的翻译方法更加灵活。例如:

宝玉心中想道:"难道这也是个痴丫头,又像颦儿来葬花不成。"因又自叹道:"若真也葬花,可谓东施效颦,不但不为新奇,且更可厌了。"

"Can this be another absurd maid coming out to bury flowers like Tai-yu?" He wondered in some amusement, "if so, she's 'Tung Shih imitating Hsi Shih', which isn't original but rather tiresome."

Note: Hsi Shih was a famous beauty in the ancient kingdom of Yue, while Tung Shih was an ugly girl who tried to imitate her ways.

你说这话,意思是要让领导三请诸葛亮?

What you say implies that the leader should ask you three times, like Zhuge Liang, doesn't it?

Note: Zhuge Liang was a talented statesman of the Three Kingdom Period. He was visited three times before he would grant an interview with Liu Bei, whom he afterwards served, and helped to become an emperor.

伯乐相马

as capable as Bo Le in discovering talents

Note: Bo Le, named Sun Yang, was said to be very capable of discovering the best horses.

第二节　跨文化交际下的英汉典故翻译

一、英汉典故的比较与文化渊源

(一) 产生来源

根据典故的定义,人类社会生活的方方面面几乎都可以成为典故的来源,归纳起来主要来源如下。

1. 历史事件或历史故事

在汉英民族漫长的历史发展过程中,都出现过众多著名的历史事件,流传着寓意深刻的历史故事,后人常用简洁的说法表达其内容,沿用久了也就成了典故,如汉语成语"破釜沉舟",英语中的 burn one's boats（bridges）。

2. 神话传说

汉英民族历史悠久,神话传说源远流长,内容丰富。神话是关于神仙或神化的古代英雄的故事,是古代人们对自然现象和社会生活的一种天真的解释和美好的向往。我国的《山海经》《淮南子》等,保存和记录着许多古代的神话传说,如"夸父追日"的典故源自《山海经·海外北经》"夸父与日逐走,入日；渴,欲得饮,饮于河、渭,河、渭不足,北饮大泽,未至,道渴而死",现用此典故形容人们征服自然的坚强决心。类似的典故成语还有"女娲补天""嫦娥奔月"等。

英语中的 Prometheus,说的是天神普罗米修斯（Prometheus）,违抗主神宙斯（Zeus）的禁令,盗取天火,造福人类,因而被缚在高加索山崖,遭受神鹰啄咬肝脏之苦,因而成为欧洲文学中的一个神话英雄。莎士比亚的名剧《奥赛罗》中就有 Promethean heat（天上的神火）这样的典故。

3. 民间传说

民间传说是指民间长期口头流传下来的对历史事件和历史人物的记述和评价,有的通过幻想和艺术加工,在一定程度上反映古代人的要求和愿望。

"八仙过海,各显神通"这一典故源于民间传说。八位仙人,他们各有各的本领,个个神通广大,无所不能,从一个侧面反映出古代劳动人民渴望征服自然、驾驭自然的愿望。

4. 文学作品

有不少典故来源于文学作品,其中有的是原封不动的摘引,有的是为了表达简洁节缩而成,这些原文摘引或节缩而成的典故大都演变成具有相对固定形式的成语词组。

5. 寓言故事

寓言是用假托的故事或自然物以拟人的手法说明某个道理或教训的文学作品,寓言常带有讽刺或劝诫的性质,具有明理启示的作用。例如,汉语中的"刻舟求剑"源自《吕氏春秋·察今》,现常用以比喻办事刻板，拘泥而不知变通。其他如"掩耳盗铃""守株待兔""画蛇添足"等也都源自寓言故事。英语中的 cherish a snake in one's bosom，这一典故以蛇喻指"恩将仇报的坏人"。

6. 民间习俗

社会上长期形成的风尚、礼节、习惯的总和构成了民间的风俗，它是社会文化的重要组成部分，是促进语言不断丰富发展的源泉，也是典故产生的来源之一。例如，汉语中的"各人自扫门前雪，休管他人瓦上霜"，冬天大雪以后，各家各户为行走方便，各自清扫门前走道或庭院中的积雪，这本是一种正常的生活习惯，但现在却常以此喻指各自为政，只考虑自己不顾他人或集体的行为，具有明显的贬义。其他如"三天打鱼，两天晒网""看菜吃饭，量体裁衣""远亲不如近邻"等均源于民间生活习俗。英语中如 a feather in one's cap，此典源出广泛流行于美洲印第安人中的一种风俗：每杀死一个敌人就在头饰或帽子上加插一根羽毛，以此来显示战绩与荣誉。

7. 民间谚语

谚语是民间广泛流传的固定语句，用简单通俗的话语反映深刻的哲理，它们大都也取材于历史事件或人生经历，是社会生活经验和教训的总结。

汉语中"三个臭皮匠，赛过诸葛亮"，《三国演义》中的诸葛亮足智多谋、神机妙算，是民间公认的智慧人物，皮匠乃平凡常人，但众多常人的智慧能超过非凡的伟人，说明人多主意多，此谚语寓意深刻，富有哲理。其他如"三百六十行，行行出状元""天下无难事，只怕有心人""只要功夫深，铁杵磨成针""不怕不识货，只怕货比货"等也都源于民间谚语。

英语中如 birds of a feather 即出自谚语 birds of a feather flock together，其意为"物以类聚，人以群分"，转义为"一丘之貉"；又如，a black sheep 即出自谚语"There is a black sheep in every flock."其意为"家家有个丑儿"，转义为"害群之马"。

8. 动植物名称

自古以来人类与动植物相栖共息，动植物是人类生存和发展的物质基础，人类的生活须臾离不开动植物的存在，因此汉英语中都有不少典

第三章　跨文化交际下的英汉习语与典故翻译

故源于动植物的名称。

汉语中源于动物的典故很多,如出自《太平御览》的"虎踞龙盘"、宋苏轼《表忠观碑》的"龙飞凤舞"和清龚自珍《己亥杂诗·过镇江》的"万马齐喑"等。源出植物名的典故,如语出唐王维《相思》诗的"红豆相思"、清李汝珍《镜花缘》的"花香鸟语"和晋朝《晋书·苻坚载记》中的"草木皆兵"等。

英语中出自动物名称的典故也很多,如我国读者熟悉的 shed crocodile tears,在西方传说中,鳄鱼在吃人畜时,一边吃着,一边掉着眼泪,喻指坏人假装同情被害者,类似于汉语中的"猫哭老鼠假慈悲";源于植物名的典故如 the apple of discord,传说厄里斯女神因未被邀请去参加 Thetis 和 Peleus 的婚礼,由此怀恨在心,便把一只金苹果扔在参加婚礼的众神中间。特洛伊王子帕里斯把它给了女神中最漂亮的维纳斯,后来导致了古希腊人和特洛伊人之间的特洛伊战争,现常以此比喻"动乱的根源,争斗的原因"。

9. 人名地名

英汉语中出自人名或地名的典故为数不少。汉语中有"项庄舞剑,意在沛公",项庄为项羽手下的一名武将,沛公指刘邦。项庄席间舞剑,意在刺杀刘邦,比喻居心叵测,另有企图;其他如"司马昭之心,路人皆知""说曹操,曹操到""情人眼里出西施"等。出于地名的典故有"巫山云雨""不到长城非好汉""东山再起""邯郸学步""庐山真面目"等。英语中如 meet one's Waterloo,Waterloo 为比利时中部一城镇,1815 年拿破仑军队在此大败,现该典故喻指"遭到惨败"或"遭到毁灭性打击"。

10. 军事术语

人类历史上发生过无数次重大的战争事件,这些事件不仅被载入史册,而且某些军事谋略或由战争特点而产生的军事术语已成为典故,有的已被正式收入词典,有的虽未被收入词典,但已在人们的语言实践中得到应用。

汉语中的"三十六计,走为上计"语出《南史·王敬则传》,比喻局势已到了无可挽回的困境,别无良策,只有一走了之;又如,"声东击西""围魏救赵""兵不厌诈"等也大都出自《孙子兵法》中的军事术语。

英语中的 Pearl Harbor(珍珠港)是美国在太平洋的重要军港,二战期间,日本对珍珠港发动突然袭击,致使美国海军太平洋舰队遭受重创,由此产生了成语 pull a Pearl Harbor on sb.,其意思是"对某人进行突然袭击";又如,1939年纳粹德国入侵波兰和次年对伦敦的空袭采用的闪电战术被称之为 blitz。这一军事术语现已成为"突袭"和"闪电式行动"的同义语。

(二)设喻形式

凡典故都有喻义,喻义通过喻体引发联想,引申语义,达到以古喻今、以事述理的目的。汉英典故由于在来源上大体相同,因此在设喻比较方面颇为相似。例如,以人设喻的典故,汉语中有"霸王别姬""姜太公在此,百无禁忌""张公吃酒李公醉""环肥燕瘦"(环,指唐玄宗贵妃杨玉环;燕,指汉成帝皇后赵飞燕)等;英语中有 Shylock(喻指贪得无厌的放债人)、Uncle Tom(喻指逆来顺受的黑人)、Jordan(美国篮球巨星迈克尔·乔丹,喻指快捷准确的神投手)等。

以地名设喻的典故,汉语中有"稳如泰山""寿比南山""绿林好汉""围魏救赵""洛阳纸贵"等;英语中有 Dunkirk(法国北部港口城市,史称"敦刻尔克大败退",现成了"溃退""困难局面"的代名词)。以事设喻的典故,汉语中如"三顾茅庐""四面楚歌""负荆请罪""草船借箭"等,英语中有 kick the bucket(翘辫子),skeleton in the cupboard(家丑),"You can't make bricks without straw."(巧妇难为无米之炊)等。

二、汉语典故的翻译方法

(一)保留形象直译

典故负载的文化信息通常反映了一个民族的文化传统和长期积淀的民族心理,采用直译法,保留其原有的形象特征,有利于保留汉语典故的民族特色,有利于汉英文化的交流和融合,并能丰富译文语言的表达力。例如:
"朱斌这个人就是狗咬耗子,多管闲事!"
"他是狗,你是耗子?人家是关心你!"

(吴强《红日》)

"Zhu Bin! He's like a dog worrying a mouse, can't mind his own business in."

"He being the dog and you the mouse, eh? No, he just did it because he is concerned about your welfare."

（A. C. Bames 译）

民国十二年他们就来过,光见他们在龙涎河边上举着文明棍晃了三晃,当时就肉包打狗,一去再没回头。

（段承宾等《降龙伏虎》）

We had some here in 1923. They just stood there on the river bank flourishing their walking-sticks for a minute, and then they left and, like the meat pudding thrown at a dog, they never came back.

（二）保留形象加注

有时在译文中保留了汉语典故的形象,但由于文化差异,典故的含义难以为译语读者所理解,特别是有些典故蕴含着一个历史事件或一个故事,为便于译文读者的理解,特别是对于不能直接阅读原文的文学爱好者和研究者,加注不失为一种行之有效的方法。加注可以详尽、从容地介绍有关的文化背景知识,有时还可以说明一些难以处理的修辞问题。例如：

我们国内现在有些人有点像"和尚打伞,无法无天"。

At present it seems to me that some people are somewhat like the monk under an umbrella—wufa wutian（without hair, without heaven）—defying laws and human divine.

译文中尽管加了释义,对于英美读者来说,依然难以理解其中的形象寓意,美国友人韩丁（William Hinton）为此曾对这个歇后语做了如下注解：

It is a double pun. A monk has a shaven head, hence no hair. A monk under an umbrella is cut off from the sky, hence no heaven. But it also means "law", and tian also means "heaven" in the sense of supreme ruling power. Thus a monk under an umbrella is a man without law or limit—a rebel like Monkey（who accompanied the monk Tripitaka on his legendary journey to India）, unbound by established rules, institutions or conventions, whether earthly or divine.

这一歇后语形式的典故需要如此详尽的注释才能让英美读者了解其形象和喻义,而在行文中只能译其喻义。

(三)改换形象意译

不同的民族文化传统、生活习俗和审美情趣,必然形成不同的思维方式和语言表达习惯,在表达同一概念或事理时往往会采用不同的喻体,因此某些汉语典故在英译时,必须改换喻体,采用英美读者所熟悉的喻体形象,套用英语中相应的成语短语,以利于译文语言的表达和读者的理解。例如:

村里人对猪圈这个改变很满意,周围几家邻居都高兴地说:"梅梅算办了件好事!"可是也有人说什么"新官上任三把火!"

(马烽《韩梅梅》)

The whole village is pleased with the new conditions. Those who live near the pigsty went so for as to say that I had done a really good job. But there were still voices of a new broom sweeping clean!

(四)舍弃形象意译

某些典故由于文化背景大相径庭,译语读者无法从喻体形象联想其喻义,因此在翻译时可舍弃其形象而仅译出其喻义,以利于译语读者的理解和译文语言的简洁流畅。

汉语中很多典故成语大多由历史故事或传说凝练演变而成,如果不了解故事或传说的内容,就不可能理解成语的意思,采用意译法,有利于译文语句的流畅简洁。

其他含有中国古代人名、地名或源自寓言或历史事件的典故,逐字翻译一般无法为英美读者所理解,采用直译加注的方法又往往失去了典故语言精练的特色,因此通常也都采用"舍形取义"的意译法。例如:

毛遂自荐 to volunteer one's service(毛遂——战国时期人名)

叶公好龙 professed love of what one really fears(叶公——古代传说中的人名)

南柯一梦 a fond dream or illusory joy(南柯——中国古代传说中梦境之地名)

第三章　跨文化交际下的英汉习语与典故翻译

四面楚歌 to be besieged on all sides（楚——战国时期的国名）
锱铢必较 to haggle over every penny（锱铢——中国古代重量单位）
初出茅庐 at the beginning of one's career（此典故出于《三国演义》）
倾城倾国 to be exceedingly beautiful（此典故出自《汉书》）
负荆请罪 to proffer a birch and ask for flogging（此典故出自《史记·廉颇蔺相如列传》）

以上各例中的典故成语均具有较浓厚的民族文化背景，如要保持典故的形象色彩，势必详加注释，对于一般英美读者来说，舍弃形象译出其意，并不影响读者对原文的理解，译文也简洁流畅、文通意顺。

【内容小结】

通过本章的学习，可知英汉习语、典故具有悠久的历史，并且差异比较明显。在翻译过程中，学生需要灵活运用合理的方法对习语、典故展开翻译，从而得出比较贴切的译文。从一定程度上而言，习语、典故的翻译是比较困难的，因为其自身含有的文化信息比较浓厚，如果翻译方法使用不当，不但无法准确翻译，而且还可能出现误译、错译的现象，因而，学生需要在充分把握习语、典故文化内涵差异的基础上，找到合适的翻译方法，进而准确展开翻译实践。

【同步练习】

一、习语与典故误译辨析。

1. 骨鲠在喉：have a bone in one's throat
2. 扬眉吐气：raise the eyebrows and let out a breath
3. 价廉物美：cheap and good
4. 灯红酒绿：red lights and green wine
5. 开门见山：open the door and see the mountain
6. 行尸走肉：a walking skeleton
7. 打草惊蛇：wake a sleeping dog
8. 王婆卖瓜：cry stinking fish
9. 翘尾巴：have one's tail up

10. wear the pants in the family：在家穿短裤

11. keep the wolf from the door：不要引狼入室

12. in one's birthday suit：穿着生日礼服

13. an apple of love：爱情之果

14. move heaven and earth：翻天覆地

二、将下列句子翻译成英语，注意其中习语与典故的翻译。

1. 可知这样大族人家，若从外头杀来，一时是杀不死的。这可是古人说的，"百足之虫，死而不僵"，必须先从家里自杀自灭起来，才能一败涂地呢！

2. 然而竟未发现对方在钩心斗角的同时，他还做了不少的幕后工作。

3. 别人家里鸡零狗碎的事情你都知道得这么全，真是个顺风耳啊！

4. 不要重复叶公好龙那个故事，讲了多少年的社会主义，到社会主义跑来找他，他又害怕起来了。

5. 其中又见林黛玉是个出类拔萃的，她便更与黛玉亲近异常。

6. 紫鹃笑道："我说的是好话，不过叫你心里留神，并没叫你去为非作歹。何苦回老太太，叫我吃了亏，又有什么好处！"

7. 这两日她往这里头跑，鬼鬼祟祟的，不知干些什么事。

8. 宝玉才好了些，连我们也不敢说话，你反打的人狼嚎鬼哭的！上头出去了几日，你们就无法无天的，眼珠子里就没了人了。

9. "你可倒好！肉包子打狗，一去不回头啊！"她的嗓门很高，和平日在车厂与车夫们吵嘴时一样。

10. When I saw the child dash out into the middle of the road, my heart was in my mouth.

11. There was a political ring in Philadelphia in which the mayor, certain members of the council, the treasurer, the chief of the police and others shared. It was a case generally of "You scratch my back and I'll scratch yours."

12. Adding anything to what Johnson had recorded as the body of the English language was painting the lily. Webster attempted to meet this objection by one of his frequent vicious attacks upon Johnson.

13. He left one job because of the low pay, but in his new one he has to work with unpleasant people-out of the frying pan into the fire.

14. The criminal was hoisted with his own petard when he tried to kill his wife, because he accidentally drank the poison that was intended to be given to her.

15. The weatherman throws a wet blanket on picnic plans when he forecasts rain.

16. Well, there is no need for us to beat around the bush. Now that the cat's out of the bag, I can tell you the whole story.

17. If he comes pestering me for money again, I shall send him off with a flea in his ear.

18. He liked also being seen and being congratulated on growing up such a fine-looking and fortunate young fellow, for he was not the youth to hide his light under a bushel.

19. The report spoke of a period of unfulfilled promise. That hit the nail squarely on the head.

【参考答案】

一、习语与典故误译辨析。

1. "骨鲠在喉"是指有话想说，不吐不快，相当于 one can't help expressing his opinion out；而 have a bone in one's throat 意思刚好相反，表示"不想说话"。

2. "扬眉吐气"可译为 to feel proud and elated。

3. cheap and good 中的 cheap 在英语中为贬义，意为价格低廉的次品。"物美价廉"可译为 a nice bargain 或 nice and inexpensive。

4. red lights and green wine 为死译，"灯红酒绿"可译为 dissipated and luxurious life。

5. open the door and see the mountain 为死译，"开门见山"可译为 come straight to the point。

6. "行尸走肉"指不动脑筋，不起作用，糊里糊涂过日子的人，相当于 an utterly worthless person；而 a walking skeleton 是"骨瘦如柴"之意。

7. "打草惊蛇"比喻做法不谨慎，反使对方有所戒备，相当于 act rashly and alert the enemy，而 wake a sleeping dog 意为"招惹是非"。

8. "王婆卖瓜"比喻对自己的东西没有根据地大加赞赏,相当于 every cook praises his own broth;而 cry stinking fish 意为贬低自己的能力或自己拆自己的台。

9. "翘尾巴"比喻骄傲或自鸣得意,相当于 be cocky;而 have one's tail up 表示"因成功、胜利而兴高采烈"。

10. wear the pants in the family 意为"当家做主"。

11. keep the wolf from the door 意为"勉强过活"。

12. in one's birthday suit 意为"赤身裸体"。

13. an apple of love 意为"西红柿"。

14. move heaven and earth 意为"竭尽全力";"翻天覆地"应翻译为 turn the world upside down 或 epoch-making changes。

二、将下列句子翻译成英语,注意其中习语与典故的翻译。

1. Now I realize that a big family like ours can't be destroyed in one fell swoop from outside. In the words of the old saying, "A centipede won't fall to ground even when dead." We must start killing each other first before our family can be completely destroyed.

2. While each had been trying to put spokes in the other's wheels, he had failed to discover that his opponent had surreptitiously done a good deal of work.

3. You know all the bits and pieces of trifles of other families. You are really well informed.

4. The story of Lord Ye who professed to love dragons should not be repeated, one must not just talk about socialism for years and then suddenly turn pale when socialism comes knocking at the door.

5. Noticing too that Lin Daiyu stood out from the rest, she treated her even more affectionately.

6. "I meant well," was the smiling answer, "I just wanted you to look out for yourself, not to do anything wrong. What good will it do if you report me to the old-lady and get me into trouble?"

7. She's been creeping in here the last couple of days in a very sneaky way. Goodness knows what she's up to.

8. Baoyu's just getting better, and we've all been trying to keep our voices down, yet you raise a rumpus fit to wake the dead. If the

higher-ups are away just a few days, you lot run completely wild with no respect for anyone at all.

9. "Well, you certainly are a guy! A dog given a bone who doesn't come back for more!" Her voice was as loud as when she bawled out at the rickshaw men in the yard.

10. 当我看到小孩向马路中间跑去时真吓坏了。

11. 费城有一个政治小圈子,是由市长、几个市议员、财政局长、警察局局长以及其他几个人组成,这是一个所谓"朋比为奸"的例子。

12. 对约翰逊记载的英语语言总体再增添任何东西都是画蛇添足。韦伯斯特准备对这种反对意见予以回击,他经常对约翰逊恶意攻击,这回准备再来一次。

13. 他由于工资低而辞职,但在新的工作岗位上却要和一些讨厌的家伙共事——倒了一次霉又倒一次霉。

14. 罪犯想害死他的老婆时却害了自己,他无意中把给他老婆吃的毒药自己吃了。

15. 天气预报说要下雨,给准备去野餐的人泼了冷水。

16. 现在没有必要拐弯抹角,既然讲出来了,就全告诉你吧。

17. 他要是再来缠着我要钱,我就把他骂走。

18. 他喜欢人家看到他,称赞他的英俊和好运,因为他不是那种谦逊不好表现的年轻人。

19. 报告谈到这是一个诺言未兑现的时期,正好打中要害。

第四章　跨文化交际下的英汉人名与地名翻译

【本章要点】

专名，即"单个人、地方或事物的名称，它与表示物体或概念的总和的普通名词相对。"(《语言与语言学词典》)由此可知，专名是指作品中所涉及的人名、地名、国名、组织名、机构名、会议名、报刊名、作品名、商标品牌名、公司名、官职名等。这些专名用来表示事件发生的对象或地点，在人们的日常交际和文学作品中起着重要的指称作用。其中人名、地名是使用范围最为广泛、文化内涵最为丰富的专名形式。本章主要研究跨文化交际下的英汉人名与地名翻译。

【学习目标】

1. 掌握英汉人名、地名的文化差异。
2. 熟悉英汉人名、地名文化翻译的方法。
3. 了解常见英汉人名、地名的准确译法。

第一节　跨文化交际下的英汉人名翻译

一、英汉人名文化的差异分析

人名即人的姓名。姓名是人类所特有的一种人文符号。然而由于语言不同,其符号表现形式及含义也不尽相同。名和字在意义上是相关照应、互为表里的。一般文人特别是作家都喜用笔名,如鲁迅、茅盾、老舍、冰心都是笔名。取用笔名有多种原因,或不愿公开自己的身份,或是象征某种意义,或体现一种风雅等。艺名一般多用于演艺界和艺术界,如电视剧《西游记》中孙悟空的扮演者章金莱,父亲章宗义六岁登台演戏,人称"六龄童";章金莱师承于父亲,被称为"六小龄童"。

又如,豫剧界后起之秀陈百玲,是著名豫剧表演艺术家常香玉的孙女,为了感谢祖母的栽培之恩,另取了一个"小香玉"的名字。上述"六龄童""六小龄童""小香玉",都是艺名。艺名常用来表达自己的意向、专长、师承或纪念某件对自己影响重大的事情。

中国人名种类繁多,取名的来源及寓意更是复杂。不像英文名一般取于《圣经》和古典,中国人名大多以出生时、地、事以及父母对子女的希望来取名,即名便含有纪事、祭地、寄望等极为丰富的寓意。

古代如北宋著名政治家司马光,其父兄和他本人都是以地取名的。有些名字取自出生时间,如"孟春""秋菊"等。有的取自出生时的事件,如"解放""援朝"等。有些取自长辈对小孩的祈愿和希翼,如"荣华"即"荣华富贵","成丰"即"成就功业,丰泽社会","成龙"即"望子成龙"等。

但不管名字来历如何复杂,含义如何丰富,名总归还是名,名即"明",就是分明和区别人与人之间的符号。其寓意止于本人,并无区别他人之意。所以,翻译人名主要是翻译其表层形式的符号,无须去刻意表达所蕴含的深层意义。音译便成为人名翻译的主要方法。根据国家有关规定,汉语拼音是外文翻译中人名、地名的唯一标准形式。

这些规定适用于罗马字母书写的各种语文,如英语、法语、德语、西班牙语、世界语等。在对外的文件书刊中调号可以省略。

二、英汉人名文化的翻译方法

（一）姓名翻译的书写形式

中文姓名翻译的关键首先是用什么拼音文字来拼写,其次是姓与名应以怎样的顺序来排列。

中国人名、地名专有名词的英译历来比较复杂。首先是有两套专门的拼音系统存在,一套是威妥玛—贾尔斯系统（The Wade-Giles

System），通常也叫威氏拼音系统。这套系统由英国人威妥玛（Thomas Francis Wade, 1818—1895）于1859年制定。他是一位汉学家，且在中国生活多年，并担任过英国驻华全权公使。1867年，他又根据这套系统编写了一套专为欧洲人学习汉语的京音官话课本《语言自迩集》，书中用罗马字母拼写汉语的方式，称为"威妥玛式"，原作为某些外国驻华使馆人员学习汉文的注音工具，后来扩大用途，成为在英文中音译中国人名、地名和事物名称的一种主要拼法。后来，有一位名叫贾尔斯（Herbert A. Giles, 1845—1935）的英国人，也是一位汉学家、翻译家，于1892年对威氏拼法略加修改，编写了一部汉英词典，使"威妥玛式"成为更完整和权威的汉字注音系统和方法，故称之为威妥玛—贾尔斯系统。这套方法在西方和中国被普遍接受，一直沿用至今。但威妥玛系统并不科学，因为它的拼音组合不标准，常用方言的发音注音，如北京 Peking、广州 Canton。而且该系统将拼音中的所有浊辅音用相对应的清辅音代替，这就出现了清浊不分，引起识别上的混乱，如 Chang Tsekuo，到底是昌策阔，还是张泽国，还是常泽国，不得而知。还有，"威妥玛式"用许多附加符号区分发音，由于附加符号经常脱落，造成大量音节混乱。[1]

另外一套方案就是汉语拼音方案。它是中华人民共和国国务院于1975年5月出台的关于中国人名、地名等专有名词外译的规定。规定指出从当年9月起中国所有人名、地名等专名一律采用汉语拼音外译。1977年8月7日至9月7日联合国在雅典召开的第三届关于规范世界地名会议上，中国提交用汉语拼音翻译中国地名等专名作为国际规范地名的提案获得大会一致通过。于是1978年12月，国务院又进一步做出决定，从1979年12月起，中国人名、地名等专名在外文中一律使用汉语拼音字母译出，包括在英语、法语、德语、西班牙语和世界语等外国语言。

根据上述文件，中文姓名的翻译应该统一用汉语拼音来拼写，姓名的排列顺序应该名从主人，即按中国人姓名排列顺序姓前名后顺译，不要按英文的姓名，译成名在前姓在后。

但长期以来，按英文姓名顺序翻译的情况时有发生，特别在国际赛事场合，中国运动员的名字被译成先名后姓，一则违反国家规定，二则

---

[1] 国家语委标准化工作委员会办公室.国家语言文字规范和标准选编[M].北京：中国标准出版社，1997：103.

造成混乱。按国家规定,汉语姓名的翻译应该遵照如下形式拼写。

(1)单姓单名:姓和名分开拼写,姓在前,名在后,开头第一个字母都要大写。例如:

姚明 Yao Ming

刘翔 Liu Xiang

张帆 Zhang Fan

(2)单姓双名:姓和名分开拼写,姓在前,名在后,双名连写,中间不必空格或用连字符号"-",姓和名开头第一个字母都要大写。例如:

郭沫若 Guo Moruo

(3)复姓单名:姓和名分开拼写,双姓连写在前,名在后,姓和名开头第一个字母都要大写。例如:

欧阳修 Ouyang Xiu

诸葛亮 Zhuge Liang

司马光 Sima Guang

东方朔 Dongfang Shuo

欧阳松 Ouyang Song

皇甫玉 Huangfu Yu

(4)复姓双名:姓和名分开拼写,双姓连写在前,双名连写在后,姓和名开头第一个字母都要大写。例如:

长孙无忌 Zhangsun Wuji

司马相如 Sima Xiangru

东方闻樱 Dongfang Wenying

西门吹雪 Ximen Chuixue

司徒美堂 Situ Meitang

除此之外,还需注意以下几个问题。

(1)姓和名通用首字母大写规则,也可以全部大写,但不宜全部小写。例如,"王海涛"要写成"Wang Haitao"或"WANG HAITAO",但不宜写成"wang haitao"。

(2)无论是复姓,还是双名,如果相连的两字可能发生连读,中间要用隔音符号"'"隔开,以避免两字连读成一个音。比如,何迪安 He Di'an。不然,就成了"何典"。同样,王熙安和王贤分别为"Wang Xi'an"和"Wang Xian"。吴承恩和吴晨根"Wu Cheng'en"和"Wu Chen'gen"。

（3）由于复姓不如单姓简洁明快,因此随着时间的推移,不少复姓陆续演变成了单姓。例如,欧阳改作欧,司马改作司,慕容改作慕等。如果这样,那就按单姓翻译。东汉时期《风俗通义·姓氏》所收录的500个姓氏中,复姓约占三分之一。而在北宋时期的《百家姓》中,收录姓氏438个,复姓十分之一都不到,只有30个。从历史发展进程来看,复姓减少是一种基本趋势。但进入现代社会以来,随着同名同姓现象的日趋严重,人们开始使用复姓以缓解这一问题。

当然,这种所谓的复姓并非《百家姓》中的复姓,而是人们根据有关情况约定而成。比如,女子出嫁后仍保留自己的姓(娘家的姓),将丈夫的姓加在自己的姓之前,便构成双姓。港澳地区有的女性还保持这一习俗。例如,1996年当选为香港特别行政区临时立法会议员的杜叶锡恩、范徐丽泰、林贝韦嘉、周梁淑怡、曹王敏贤、梁刘柔芬。

还有一种制造复姓的途径,就是父母给独生子女取名时,让孩子姓父母双姓,再加单名或双名,如李陈东、邓郭泰安等。翻译此类姓名按照复姓或单姓加名翻译。还有的孩子的姓名干脆由父母双方的姓连缀而成,如陈程、王郑等。翻译此类姓名,按前者为姓后者为名来译。

（4）译名的缩写形式:姓全写,只缩写名,一般全部用大写字母,有时姓只第一个字母大写。例如:

姚明 Yao Ming, YAO M.（Yao M.）

王治郅 Wang Zhizhi, WANG Z.Z.（Wang Z.Z.）

张益群 Zhang Yiqun, ZHANG Y.Q.（Zhang Y.Q.）

诸葛亮 Zhuge Liang, ZHUGE L.（Zhuge L.）

司马相如 Sima Xiangru, SIMA X.R.（Sima X.R.）

注:国际体育比赛中,运动员的姓名往往都以缩写的形式出现在电子屏幕上,而采用的是将缩写的名字放在全写的姓前,如 N.WANG（王楠）、Y.N. ZHANG（张怡宁）,这样拼写都是不规范的,与国家规定是不相符的。

（5）少数民族姓名翻译均按少数民族的姓名原来的习惯照样译出,或名前姓后,或有名无姓等。

（6）已有固定英文姓名的中国古代名人、现当代科学家、华裔外籍科学家以及知名人士,应使用其已有的固定英文姓名。例如:

杨振宁 C. N. Yang

丁肇中 S. C. C. Ting

陈省身 S. S. Chern

林家翘 C. C. Lin

吴瑞 R. J. Wu

李四光 J. S. Lee

（7）由于姓名具有个人属性，有些人特别是有些名人在与外国人交往中使用英文名字，其拼写形式一般先名后姓。例如：

张朝阳 Charles Zhang

吴士宏 Juliet Wu

（二）姓名翻译的审音标准

名从主人是翻译人名的国际通用规则，在形式上要按原名的顺序拼写，在发音上要按原名的发音拼出。

（1）汉民族姓名一般采用标准普通话拼音。例如：

陈建国 Chen Jianguo

张建中 Zhang Jianzhong

（2）少数民族姓名和港澳台地区则可用原发音拼出。例如，董建华 Tung Chee-hwa，按粤语发音译出。

（3）古代人名的特殊读音及其译音。汉语中一字多音常常出现，在人名中也不例外。特别是一些古代人名的用字及读音与现在有别，翻译时要特别注意，要按原名发音译出，切莫望文生音。例如：

李适 Li Kuo（唐德宗，并非胡适之的"适"音）

尉迟恭 Yuchi Gong（唐朝大将，力助亲王李世民夺取帝位。李世民登基后，欲将女儿许配于他，但他以"糟糠之妻不下堂"谢绝，素为世人称道）

万俟卨 Moqi Xie（宋朝奸佞秦桧陷害岳飞之帮凶）

三、英汉人名文化的翻译实践

（一）外国人名中译

（1）Chaucer：乔叟（《坎特伯雷故事集》的作者），不译乔塞。

（2）"托马斯·莫里斯笔下那场体制完美、人人平等、充分自由的乌托邦梦是不存在的。"（《文学报》2016年3月24日第24版）

根据此句的上下文提示，"托马斯·莫里斯"应指《乌托邦》的作者

Thomas More,应该使用通译的"托马斯·莫尔"。

（3）*Grimm's Fairy Tales*：

《格列姆童话集》（1921,赵景深译）

《格尔木童话集》（1925,王少明译）

《格林童话全集》（1935,魏以新等译）

第三个译名是目前的定译。作者是德国的格林兄弟。另例"格利姆和安徒生的童话故事"（《莱特兄弟》,辽海出版社,2001年版,第25页）,"格利姆"不是定译,应为"格林兄弟"。

（4）He had heard Daisy and Josephine doing Caesar together, and his chant was his own interpretation of Caesar's brief boast：Veni, Vidi, Vici.

（Thomas Wolfe：*Look Homeward, Angel*, Chapter IV）

译文1：他平时听见过黛西和约瑟芬·布朗两人一同朗诵莎士比亚的《西泽》,他这首歌谣就是他根据他心目中西泽的壮语："维尼,维地,维期"自己编造出来的。

（乔志高 译）

译文2：他曾经听到黛西和约瑟芬·布朗一起朗读关于他恺撒的作品,他嘴里的调子就是胡乱地模仿恺撒那句简短的豪言壮语："我来了,我见到了,我征服了。"

（朱小凡 译）

根据上下文,Caesar应译为"恺撒",译文1的"西泽"流于随意,译文2的"恺撒"符合定译。

（5）His brain swarmed with pictures—Cyrus directing the charge, the spear-forest of the Macedonian phalanx. the splintered oars...

（Thomas Wolfe：*Look Homeward, Angel*, Chapter VI）

译文1：他脑子里挤满了图画——赛勒斯领队冲锋,马其顿大军像树林一样的枪杆矛头,裂碎的船桨,……

（乔志高 译）

第四章　跨文化交际下的英汉人名与地名翻译

译文2：他整个脑海里都是图画——塞勒斯率大军冲锋陷阵，马其顿军阵中林立的枪杆、飞迸的船桨，……

（范东生等 译）

译文3：他的脑子里充满了各种画面——居鲁士挥剑冲锋，马其顿人方阵中密集的矛林，劈裂的船桨，……

（朱小凡 译）

Cyrus 的固定译名是"居鲁士"（Cyrus the Great，古代波斯帝国的缔造者，波斯皇帝），前两个译文"赛勒斯""塞勒斯"不符合定译的惯例。

（6）Claire Lee Chennault：陈纳德（二战时中国战区美国飞虎队队长）。

（7）General de Gaulle：戴高乐将军（全名：Charles de Gaulle）。

（8）John King Fairbank：费正清（《近代来华外国人名辞典》，第132页），哈佛大学教授。

（9）Charlie Chaplin：查理·卓别林（英国演员）。

（10）Joseph Needham：李约瑟，著有多卷本《中国科学技术史》(*Science and Civilization in China*)。

（11）David Beckham：大卫·贝克汉姆（大陆译名）、碧咸（香港地区译名，从粤语发音）。

（12）Ronald Reagan：罗纳德·里根（大陆译名）、雷根（港、台地区译名）。当时美国财政部长的姓名也是 Reagan，可避免混淆。

（13）Tiger Woods：老虎·伍兹

（14）例外：直呼其姓。西方人的称呼习惯是，姓之前加头衔，或直呼其名。以 John Smith 为例，要么说 Mr. Smith，要么说 John。但有例外，如《鲁滨逊漂流记》的人物 Robinson Crusoe，在英语学术论文里被称为 Crusoe（应为 Mr. Crusoe），另一例是 Barack Obama，可以说 President Obama 或 Barack，但美国媒体更常见的是 Obama。但这不是常态，不能照搬。

注：在美国，人们相互之间常常不计身份地位直呼其名，因此有时用 the first name culture 来形容美国文化。

(二)文学作品人物的译名

文学作品的人物,有的被植入了特殊含义(甚至有道德的含义),翻译时须细查。以下例子可做借鉴。另外,平时的学习过程中,原文和译文要同时记住,避免只知中译名不知原文的跛脚现象。

(1) Judas:犹大。为三十块银币把耶稣出卖给罗马士兵,比喻叛变者,英谚 thirty pieces of silver 比喻不正当的钱财。

(2) Shylock:夏洛克(莎剧《威尼斯商人》的人物)。Shylock 的字面意思是"无羞耻心的"(莎翁刻意对之贬损),若意译为"夏无耻"(放高利贷者),有种族歧视之嫌(犹太人身份),因此音译为"夏洛克"。

(3) Christian:基督徒,英国作家班扬的小说《天路历程》中的人物。

(4) Blifil:白力费,英国作家亨利·菲尔丁的小说《汤姆·琼斯》的人物,不诚实,最终是害人害己。戚叔含的译名兼顾了发音和人物形象,含有"白费力气"之意,暗示人物的人品,有批判色彩。

(5) Uncle Tom:汤姆叔叔,美国小说《汤姆叔叔的小屋》的人物,一个逆来顺受的形象。

(6) Snow White:白雪公主(迪士尼经典动画片)。

(7) Donald Duck:唐老鸭,迪士尼动画片《米老鼠与唐老鸭》中的人物。

(8)卜世仁(《红楼梦》的人物):"不是人"的谐音,于是有人提议可译为 Hardly Human。在霍克斯的《红楼梦》英译本里,一些人名的英译名即是如此处理的。

(三)中国人名英译

一些中国的知名人士,有固定的译名或英文名,不能照拼音来译。这些译名或英文名在海外为人熟知,也是译者平时应熟记的知识,有助于在回译时避免失误。

1. 常见人物的译名

孔子:Confucius,在西方知晓度很高,《论语》的英译文常被引用,如梭罗《瓦尔登湖》以及《牛津简明引用语词典》等。

慈禧太后: the Empress Dowager(以垂帘听政著称)。

第四章 跨文化交际下的英汉人名与地名翻译

爱新觉罗·溥仪：Aisin-Gioro Pu Yi，清朝末代皇帝。

孙中山：Sun Yat-sen（"孙逸仙"的粤语发音）。另有中山大学：Sun Yet-sen University，孙夫人（宋庆龄）：Madame Soong Ching Ling。

容闳：Yung Wing（Or Rong Hong）：美国耶鲁大学毕业生，清朝末年中国幼童留美倡议者。

老舍：Colin C. Shu，1924—1930 年在英国伦敦东方学院担任中文讲师期间帮助懂多国语言的英国退伍军人艾支顿（Clement Egerton）完成《金瓶梅》英译（*The Golden Lotus*），出版时译者在扉页上写道："To C. C. Shu, my friend"。

张爱玲：Eileen Chang，其小说英译本入选"企鹅现代经典"丛书。

李连杰：Jet Li，功夫片演员。

2. *海外华裔人士的英文名*

容闳：Yung Wing，耶鲁大学毕业生，促成清廷派遣幼童赴美留美。

李政道：Tsung Dao Lee，1957 年诺贝尔物理学奖共同得主。

杨振宁：Yang Chen-ning，1957 年诺贝尔物理学奖共同得主。

骆家辉：Gary Locke，曾任华盛顿州州长、奥巴马政府商务部长、美国驻华大使。

赵小兰：Elaine Chao，特朗普政府交通部长，曾任小布什政府的劳工部长。

陈香梅：Anna Chennault，曾任美国总统府国际合作委员会主席，陈纳德将军（Claire Lee Chennault）夫人。

王德威：David Der-wei Wang，哈佛大学讲座教授。

李安：Ang Lee，导演《卧虎藏龙》《断背山》《少年派的奇异漂流》等影片。

谭恩美：Amy Tan。

汤亭亭：Maxine Hong Kingston，著有长篇自传体小说《女勇士》（*The Woman Warrior*）等。

3. *港澳台人士的英文名*

邵逸夫：Run Run Shaw，但用于"逸夫楼"时，译名是拼音：Yifu Buildings，这两种译名同时见于 China Daily（January 7, 2014）。另，邵逸夫奖：The Shaw Prize（国际性学术研究奖），美国旧金山市设立了"邵

· 77 ·

逸夫先生日"（Sir Run Run Shaw Day，每年9月8日）。

金庸：Louis Cha（Leung Yung），武侠小说家（原名查良镛）。

成龙：Jackie Chan，获2016年度奥斯卡终身成就荣誉奖（Honorary Oscars）。

宋淇（林以亮）：Stephen Soong，香港"宋淇翻译研究论文纪念奖"的设立者。

第二节　跨文化交际下的英汉地名翻译

一、英汉地名的差异

（一）具体地址

具体地址是指带有行政区划所属的地址，也可以说是邮件地址。中国人书写时习惯由大到小，如国—省—市—县—乡镇—村等这样的方式，而英语的方式刚好相反，由小到大。这是由于中西文化习惯和思维方式不同所致。

中国人偏重整体思维，求同存异；西方人偏重个体思维，求异存同。[①]所以，翻译这类地址一般按先小后大的顺序译出，其排列方式刚好与汉语相反。例如：

中国浙江省杭州市学院路212号1幢108室

Room 108, Building 1, No. 212, Xueyuan Road, Hangzhou, Zhejiang Prov., China.

（二）地名的拼写规则

（1）地名中的基数词一般用拼音书写。例如：

五台山 Wutai Mountain

五指山 Wuzhi Shan

九龙江 Jiulong Jiang

三门峡 Sanmen Xia

二道沟 Erdao Gou

---

① 王述文．综合汉英翻译教程[M]．北京：国防工业出版社，2010：169．

第四章　跨文化交际下的英汉人名与地名翻译

三眼井胡同 Sanyanjing Hutong

八角场东街 Bajiaochang Dongjie

三八路 Sanba Lu

五一广场 Wuyi Guangchang

李庄 Lizhuang

海南岛 Hainan Dao

东直门外大街 Dongzhimenwai Dajie

南京西路 Nanjing xilu

（2）地名中的数字代码和街巷名称中的序数词用阿拉伯数字书写。例如：

1203 高地 1203 Gaodi

1718 峰 1718 Feng

二马路 2 Malu

经五路 Jing 5 Lu

三环路 3 Huan Lu

大川淀一巷 Dachuandian 1 Xiang

天宁寺西里一巷 Tianningsi Xili 1 Xiang

东四十二条 Dongsi 12 Tiao

第九弄 Di9 Nong

（3）地名连写中，凡以 a、o、e 开头的非第一音节，如果音节的界限发生混淆，在 a、o、e 前用隔音符号"'"隔开。例如：

西安 Xi'an

建瓯市 Jian'ou City

天峨县 Tian'e County

兴安县 Xing'an County（如果省略隔音符号，就成为 Xingan County 新干县，在江西吉安地区）

第二松花江 the Di'er Songhua River（吉林）

（4）历史上有些地名拼写采用威妥玛拼音与现在标准拼写不一致，有的已改，有的由于已约定俗成，所以有些在国际交流中，仍然保留使用。例如：

北京已由 Peking 改译为 Beijing，南京已由 Nanking 改译为 Nanjing，但北京大学和南京大学仍为 Peking University 和 Nanking University；青岛已改译为 Qingdao，但青岛啤酒译为 Tsingtao Beer；

Chungking（重庆）、Chekiang（浙江）、Fukien（福建）、Kweichow（贵州）、Hankow（汉口）、Kwangtung（广东）、Tientsin（天津）、Tsingtao（青岛）、Dairen（大连）等还仍用于港澳台英译。

还有地名按非注音拼写译出，如蒙古（Mongolia）、西藏（Tibet）、广州（Canton，与 Guangzhou 并用）、香港（Hong Kong）、澳门（Macao）。

（三）少数民族语言地名

国家规范和国际标准明确要求汉语地名的专名要用汉语拼音，但这并不代表所有用汉字书写的地名都要用汉语拼音。有些用汉字书写的地名涉及少数民族语言和地区，必须按照名从主人的原则，以该民族语言的发音为标准用拉丁字母转写。例如，"乌鲁木齐"是新疆维吾尔自治区区政府所在地，属于维吾尔语地名，标准英译不是汉语拼音 Wulumuqi，而是 Urumqi；"呼和浩特"是蒙古语地名，其英语名称不是汉语拼音 Huhehaote，而是 Hohhot；"拉萨"是藏语地名，其英语名称不是汉语拼音 Lasa，而是 Lhasa。

中国有 55 个少数民族，而汉语是各民族交流沟通的共同语，所以各个民族的地名都有汉语名称，但在英译时并非都要按照汉语拼音书写。其中，少数民族中人口众多的民族如维吾尔族、藏族、蒙古族等都有自己的语言和文字，英译这些民族和地名时就要以该民族的语言为标准。例如，"新疆维吾尔自治区"中，"新疆"属于汉语专名，"维吾尔"属于维吾尔语的汉字书写形式，"自治区"属于通名，所以要区别对待，分别音译和意译，标准英译为 Xinjiang Uygur Autonomous Region。

有些少数民族没有自己的文字，英译这些民族地区的汉字地名时就可以使用汉语拼音。例如，"湘西土家族苗族自治州"的英语名称就是 Tujia-Miao Autonomous Prefecture of Xiangxi。

碰到汉字书写的地名时一定要有辨别意识，要判断哪些才是汉族地名，哪些是少数民族地名。当然，最安稳可靠的办法是查阅相关的专业书籍，如中国地名委员会编著的《中华人民共和国地名录》等权威工具书，或者询问专家，切不可自以为是，否则会闹大笑话。

（四）港澳台等地区地名

由于历史的原因和政治制度的差异，中国大陆和港澳台地区、海外华人社区在地名的使用和翻译方面存在显著差异，了解这一点对于准确

第四章　跨文化交际下的英汉人名与地名翻译

翻译港澳台及海外华人社区地名至关重要。这种差异主要体现在以下几方面。

（1）中国大陆把汉语拼音作为转写大陆地区汉语地名的标准，使用简化字，而港澳台地区及海外华人社区则使用广东话和威妥玛式相混杂的拼写法，使用繁体字。例如，"香港"的汉语拼音为 Xianggang，而通用的英语拼写却是 Hong Kong（"香港"在粤语中的发音）。

（2）港澳地区和海外华人社区由于受地域方言等因素的影响，同一地名的汉语命名和英语拼写存在汉字和音节不对应现象。对于大陆熟悉了汉语拼音的人来说，这一点尤其不适应。例如，香港岛最高峰"扯旗山"的英文名称是 Victoria Peak。假如按照大陆通行的翻译外来地名的原则处理，Victoria Peak 应该译成"维多利亚峰"才对；香港的"大屿山"英文名称 the Lantau Island 更令人称奇，"山"成为"岛"不说，"大屿"和 Lantau 之间有什么关系也让人百思不得其解，但是翻阅香港地图不难发现此山确实自成一个小岛。印度尼西亚华人所称呼的"万隆"，其英文名称是 Bandung。

（3）港澳台地区的有些专名音译和意译交替或并存。就拿香港的三个组成部分香港岛、九龙、新界来说，Kowloon 是"九龙"的音译，New Territories 是"新界"的意译，Hong Kong Island 则是"香港岛"的音译和意译并用形式。翻译港澳台等地区的地名对于熟悉汉语拼音的人而言具有一定难度，必须多查相关的工具书，绝对不可草率行事。

（五）单个地名

单个地名主要是指一些城市名、河流名、山川名等，不带行政区划所属。

1. 译音

专名构成的地名：
北京 Beijing
上海 Shanghai
天津 Tianjin
重庆 Chongqing
杭州 Hangzhou
武汉 Wuhan

荆州 Jingzhou

2. 译音加译意

专名与通名构成的地名：
长江 Changjiang River
泰山 Mount Tai
中山公园 Zhongshan Park
天安门广场 Tian'anmen Square
长安街 Chang'an Street

3. 译意

完全由通名构成的地名：
西湖 the West Lake
东湖 the East Lake
颐和园 the Summer Palace
紫禁城 the Forbidden City
天坛 Temple of Heaven

二、英汉地名的翻译

一般来说，外来地名汉译总的指导原则主要有三条。

（1）名从主人。外来地名原则上应该根据原所属语言的标准发音，该国官方出版的地名录进行翻译；从其他语言转译时，应该参考源语种的译名，不可另译；有两种以上官方语言的国家，其地名应按其所属语言的读音为准。例如，地名"罗马""巴黎"都是分别根据 Roma、Paris 在意大利语、法语中的发音翻译的。瑞士有三种官方语言，地名 Buchs（德语区）、La Chaux de Fonds（法语区）、Mendrisio（意大利语区）就应分别按名从主人的原则译为"布克斯""拉绍德封""门德里西奥"。

（2）约定俗成。历史上已经有习惯译法的地名，即使与原发音相差甚远或不大合理，也应尽量予以保留。例如，奥地利城市 Wien 本应按名从主人的原则，根据德语发音译为"维恩"，但按英语名称 Vienna 翻译的"维也纳"却广为人知。

（3）用字规范。译写外来地名时均应按照汉语普通话读音，使用规

第四章　跨文化交际下的英汉人名与地名翻译

范汉字,避免地方音、生僻字、贬义字。① 例如,Suez"苏伊士",旧译"苏彝士"用字生僻;Mozambique"莫桑比克",旧译"莫三别给"容易使人望文生义,含有贬义。②

翻译外来地名的方法主要有三种。

(1)音译。绝大多数地名中的专有名词一般要音译,两个音节用一个汉字译写,音节过多时可以省略某些不明显的音。例如:

Wellington 惠灵顿

Victoria 维多利亚

(2)意译。地名中的通名、有明确含义的部分一般意译。例如:

White House 白宫

(3)半音译半意译。例如:

Cambridge 剑桥

Derbyshire 德比郡

为了保证译名的统一和规范,处理外来地名时应该以中国地名委员会编著的《外国地名译名手册》为国家标准。

三、英汉地名文化的翻译实践

(一)外国地名汉译

1.历史地名

(1)Scotland Yard:苏格兰场,伦敦警察厅的代称。

(2)Fleet Street:舰队街,伦敦街道名,印刷业集中之地,遂成为印刷业的代名词。

(3)Old Lady of Threadneedle Street:英格兰银行,因位于穿线街(Threadneedle Street)而得名。有建议说可译为"穿线街的老太太,英格兰银行"。例句:

The Bank of England, situated in Threadneedle Street. So called from a caricature by Gilray, dated 22nd May, 1797, and entitled The Old Lady of Threadneedle Street in Danger. It referred to the temporary

---

① 崔祥芬,王银泉.再谈译名规范——以当代西方翻译家姓名汉译为例[J].中国科技术语,2016,18(1):36-40.
② 冯庆华.翻译365[M].北京:人民教育出版社,2006:109.

stopping of cash payments 26th February, 1797, and one pound banknotes were issued 4th March the same year.

（4）Greenwich Mean Time：曾译格林威治时间（发音不准确所致），应为"格林尼治时间"。同样，Greenwich Observatory 的译名是"格林尼治天文台"而非"格林威治天文台"。现在，"格林尼治"的译名使用广泛，已被收进《现代汉语词典（第6版）》（中国社会科学院语言研究所词典编辑室，2012：439）。

（5）National Zoological Park：华盛顿美国国家动物园（不是通常的用词 Zoo）。

（6）"... the numberless huddle of the ships at Salamis, the feasts of Alexander, the terrific melee of the knights..."

（Thomas Wolfe：*Look Homeward, Angel*, Chapter VI）

译文1：塞拉米船只上无数哆嗦着的难民，裂碎的船桨，武士们短兵相接的厮杀……

（乔志高 译）

译文2：塞拉米船上无数哆嗦的士兵，亚历山大的盛宴，武士们的拼杀……

（范东生等 译）

以上译文里的"塞拉米船"是对 Salamis 的误解。Salamis 是靠近雅典的一个岛屿，公元前480年古希腊城邦与波斯帝国在此附近的海面发生战斗，油画《萨拉米海战》（*The Battle of Salamis*）有描述。另外，"哆嗦着的难民"和"哆嗦的士兵"是错译，huddle 指的是拥挤一团的战舰。

以下译文正确：

萨拉米海战那挤成一团的无数战舰、亚历山大大帝的盛宴、骑士之间残酷的格斗……

（王建开等 译）

第四章　跨文化交际下的英汉人名与地名翻译

2. 一词多指

（1）Cambridge：剑桥（英国）；坎布里奇（美国）。

（2）Georgia：佐治亚州（美国州名）；格鲁吉亚共和国（国家名称）。二者的英文名相同，由上下文区别。

3. 华裔独创的译名

（1）Massachusetts Institute of Technology：麻省理工学院

（2）San Francisco：旧金山（19世纪淘金热），意译，富含历史信息。

（二）中国地名英译

1. 名从主人与文化主权

按照"名从主人"的翻译通行规则，中国地名的英译应使用汉语拼音。这关系到文化主权。

（1）珠穆朗玛峰的译名：Qomolangma

例1：According to some of the Buddhist sutras of Tibet, a Tibetan king designated the Qomolangma area as the sanctuary of hundreds of birds, which were considered as Gods in Lamaism; while the peak itself was a goddess—a qomo in Tibetan language—named Langsangma, or simply Qomolangma.（Zhang Rongzu, 1981：1）

例2：The Everest（Chomolungma in Tibetan）is the highest point on Earth.

以上例1使用Qomolangma（藏语"女神"之意），符合名从主人的翻译原则。但例句2应当反过来表述："Chomolungma（once the Everest）is the highest point on Earth."分清主次，以我们的表述为主。

注：外国论著和媒体有时使用the Everest：

例1：The Epic of Mount Everest（written by Sir Francis Young-husband, London：Edward Arnold & Co., 1926, p.11）

例2：A schoolboy has become the youngest British mountaineer to climb Mount Everest-at the age of just 16.（*Daily Mail*, 26 May, 2011）

此篇英文报道在译为中文时，译文是"珠穆朗玛峰"（不说mount Everest）：《英国少年乔治·阿特金森26日成功登顶珠穆朗玛峰，成为七大洲最高峰最年轻的征服者》(《联合时报》2011年5月31日第7版)。

注：the Everest 来自英国官员 Sir G. Everest（1790-1866）的名字，曾任英国驻印度测量局局长。

（2）长江的译名

译文 1：Changjiang River（拼音），符合"名从主人"的翻译国际通则。

译文 2：the Yangtze River，见于以下例子：

例 1：教育部长江学者奖励计划：The Ministry of Education "the Yangtze River Scholar Award Program"。

The Changjiang (Yangtze River) Scholar Award (Chinese：长江学者奖励计划；pinyin: Changjiang xuezhe jiangli jihua), is the highest academic award issued to an individual in higher education by the Ministry of Education of the People's Republic of China（中华人民共和国教育部）. The award is also known as the "Cheung Kong Scholar" award and is referred to in English both internationally and by official Chinese government publications as the "Yangtze River Scholar" award.

例 2：长江大学（本部在湖北荆州）：Yangtze University

例 3：谢在杭《五杂俎》："昔人谓："扬子江心水，蒙山顶上茶。""

Extracted from Five Categories of the Multicolored World (Wu Za Zu) by Xie Zaihang (Xie Zhaozhe): People in the past eulogized such natural treasures as tea from the top of the Mengshan Mountain and water from the center of the Yangtze River.

（姜欣、姜怡 译）

例 4：长江后浪推前浪

Just as the Yangtze River surges forward waves upon waves

（杜争鸣 译）

外媒常用的 the Yangtze River 仅指扬州以下河段的旧称（见《辞海》1999年版缩印本，第81页），用来指整个长江不准确。如今，Changjiang River 的译名日益普遍，见于《英汉大词典》1993年缩印本（陆谷孙主编）、英文版《上海百科全书》（2010, p.35）、水利部长江

第四章 跨文化交际下的英汉人名与地名翻译

水利委员会的网站首页(Changjiang Water Resources Commission of the Ministry of Water Resources)等。英文版《上海百科全书》(2010)不设 Yangtze River 项,《辞海》1999 年版缩印本也不设"扬子江"条目。

尽管两种译法的并存还会延续,如《中华汉英大词典》同时使用 Changjiang River 和 Yangtze River(见 2015 年版第 127 页),但要逐步统一到拼音上来。译者应具有明确的文化自觉意识。

2. 其他地名的译名

"先生说错了。是山西,不是陕西。"他说:"陕西同山西,不是差不多吗?"

(胡适《差不多先生传》)

The teacher corrected him, "You are wrong. It's Shanxi, not Shaanxi." He retorted, "Shaanxi or Shanxi, aren't they about the same?"

(张培基 译)

译文正确区分了 Shanxi(山西)和 Shaanxi(陕西)。

哈尔滨: Harbin

不是 Ha'erbin(将此拼写输入电脑,会出现红线标记示意其不正确)。

苏州河: Suzhou Creek

苏州河是吴淞江上海段的俗称,汇入黄浦江,与严格意义上的"河"有区别,因此译为 Suzhou Creek 更准确。

3. 城市街道的译名(拼音为主)

世纪大道(上海浦东): Shiji Avenue(拼音); 不译 Century Avenue

中国城市街道的英译一般使用拼音,如同中国地名的英译(有个别例外)。

西藏中路: Middle Xizang Road(The Encyclopedia of Shanghai Editorial Committee, 2010: 331)

译文来自英文版《上海百科全书》,译名是拼音。

政法路: Zhengfa Road,中国人名地名的英译使用汉语拼音,不意译。

光华楼东主楼(复旦大学): East Building,东辅楼译为 East Sub-Building,此东主楼有此参照,"主"省略不译(承前省略)。

4. 城市旅游景点的译名

豫园:

译文 1: the Yu Garden

译文 2: The Yuyuan Garden(The Encyclopedia of Shanghai Editorial Committee,2010: 430)

译文 2 出自权威的英文版《上海百科全书》,符合规范。

东方绿舟(上海)

译文: Oriental Land

模仿 Disneyland,直截了当地提示其娱乐园、主题公园的性质(上海市东方绿舟旅游景区为国家生态旅游示范区)。如译 Oriental Oasis,不知情者不明就里。

新天地广场(上海): Xintiandi Square

【内容小结】

不管是中国还是西方国家,人名、地名的历史都十分悠久。在翻译实践过程中,学生应注意不能想当然地对这些专有名词进行翻译,而是需要依据一定的规则和方法展开。通常而言,对于一般的人名、地名,学生需要首先了解这些名字是否有固定的对应译法,如果已经存在约定俗成的译法,那么在翻译时就可以直接使用这些名字,切勿自己进行随性的翻译。

【同步练习】

一、将下面的外国人名翻译成英文。
(1)戴高乐将军
(2)李约瑟
(3)端纳
(4)费正清
(5)王尔德

第四章　跨文化交际下的英汉人名与地名翻译

（6）卡耐基

（7）乔布斯

（8）"巴比塞有一篇很有意思的短篇小说，叫作《本国话和外国话》……"（鲁迅，《看书琐记》之二）

（9）马可·波罗

（10）利玛窦

（11）汤若望

（12）金尼阁

（13）马礼逊

（14）麦都思

（15）傅兰雅

（16）陈纳德将军

二、将下面的汉学家人名翻译成英文。

（1）李提摩太

（2）理雅各

（3）翟理斯

（4）马悦然

（5）霍克斯

（6）芮效卫

（7）宇文所安

（8）葛浩文

三、将下面的名字翻译成中文。

（1）Mencius

（2）Sun Tzu, *The Art of War*

（3）Dr. Sun Yat-sen

（4）Wellington Koo（V. K. Wellington Koo）

（5）Jackie Chan

（6）sushi

四、将下面的地名进行英汉翻译。

（1）英吉利海峡

（2）泰晤士河

（3）尼斯湖

（4）Hadrian's Wall

（5）大本/笨钟

（6）岭南地区

（7）珠江流域

（8）南粤之地

（9）珠三角

（10）珠江三角洲冲积平原

（11）（粤北）"后花园"

（12）南岭

（13）石坑崆

（14）雷州半岛

（15）雷州湾

（16）大鹏湾

（17）珠海白沙湾

（18）潮汕（沿海）平原

（19）九龙半岛

（20）新界

（21）香港岛

（22）亚洲的"世界之都"

（23）澳门半岛

（24）路环岛

【参考答案】

一、将下面的外国人名翻译成中文。

（1）General de Gaulle（全名：Charles de Gaulle）。

（2）李约瑟（Noel Joseph Terence Montgomery Needham），著有多卷本《中国科学技术史》（*Science and Civilization in China*）。

（3）William Henry Donald（澳大利亚人）。

（4）John King Fairbank，哈佛大学历史系教授。

（5）Oscar Wilde，英国作家，著有《快乐王子及其他故事》《道林·格雷的画像》《温德米尔夫人的扇子》等。

（6）Dale Carnegie，美国人际关系学学者，著有 *How to Win Friends and Influence People*（《人性的弱点》）和 *How to Stop Worrying and*

第四章　跨文化交际下的英汉人名与地名翻译

Start Living(《人性的优点》)。

（7）Steven Paul Jobs,苹果公司创始人。

（8）Barbusse has written a most interesting story called French and Foreign Languages.（杨宪益等译,2006:358-359）

书名《本国话和外国话》回译为 *French and Foreign Languages*,巴比塞(Barbusse)是法国人,他说的"本国语"自然是法语,故此。

（9）Marco Polo,意大利人,13世纪来华。著有《游记》,即《马可·波罗游记》,马可·波罗口述、鲁思梯切洛(Rusticiano)笔录(1298年出版)。

（10）Matthieu Ricci,意大利传教士(1552—1610),把中国《四书》译为拉丁文(1592)。

（11）Johann Adam Schall von Bell,德国传教士(1591—1666)。

（12）Nicolas Trigault,法国传教士(1577—1629)。

（13）Robert Morrison(1782—1834),英国汉学家,曾翻译杜牧《九日齐山登高》,据考证是较早的英译唐诗(江岚等,2009:119-125)。

（14）Walter Henry Medhurst（详见:伟烈亚力,2011:32-47）。

（15）John Fryer,英国汉学家。

（16）Claire Lee Chennault（二战时中国战区美国飞虎队队长）。

二、将下面的汉学家人名翻译成英文。

（1）Timothy Richard,英国传教士,1913年把《西游记》译成英语出版,题为 A Mission to Heaven: A Great Chinese Epic and Allegory, Translated by Timothy Richard, Chancellor and Director of the Shansi Government University, 1901-1911, published at the Christian Literature Society's Depot, Shanghai, 1913（见《近代来华外国人名辞典》,1981:408）。

（2）James Legge,伦敦布道会传教士,在香港由王韬协助完成英译"四书""五经",题为《中国经典》(*The Chinese Classics,* 1861-1886),分二十八卷出版(中英对照)。

（3）Herbert A. Giles,1888年任剑桥大学汉学讲座教授。著有《中国文学史》(Herbert A. Giles, *A History of Chinese Literature*, London: William Heinemann, 1897, "Short Histories of the Literatures of the World: X. Edited by Edmund Gosse"。（参看:方梦之,2011:373）

（4）Nils Göran David Malmqvist,瑞典汉学家,著有(主编)《中国

文学手册》(*A Selective Guide to Chinese Literature*,1900-1949)。

（5）David Hawkes，英国汉学家，以英译五卷本《红楼梦》(1973-1986)闻名于世。

（6）David Tod Roy，美国汉学家。

（7）Stephen Owen，美国汉学家，著有《初唐诗》《中唐诗》《盛唐诗》，2015年出版《杜甫诗歌全译本》。

（8）Howard Goldblatt，把40多部中国文学作品译为英语(包括《狼图腾》等)。

三、将下面的名字翻译成中文。

（1）被误译为"门修斯"（见中译本《民族——国家与暴力》，1998年5月版，第99页）。

正确的回译是"孟子"，原文来自英国学者吉登斯(Anthony Giddens)的专著 *The Nation-State and Violence*，评论见《中华读书报》1999年2月10日第5版。

（2）被误译为桑·祖(Sun Tzu)的《战争的艺术》(*Art of War*)（见于《中国图书商报》，2005年11月11日第18版）。

实际是孙子的《孙子兵法》（评论见《文汇读书周报》2005年11月18日第3版）。虽是误译，但译者将英文名置于括号内，使读者得以识别和纠正，是规范的做法。

（3）孙中山先生。

（4）顾维钧。

（5）成龙（不是拼音）。

（6）被误译为"中国酥食"，如"西诺达（1977年）把宋朝描述为中国酥食(sushi)制作的黄金时代。这种酥食由米、醋、酒和任何能搞到的肉做成，而生鱼显然也在可选之列。"

sushi是译名，来自英文著述 *The Food of China*（中译本《中国食物》），回译到中文时被误为"中国酥食"，有意见认为，sushi是日语"寿司"的罗马字转写，英文直接照搬，并且后一句译文提及的成分（尤其是"生鱼显然也在可选之列"），都以寿司为参照。

四、将下面的地名进行英汉翻译。

（1）the English Channel

（2）the Thames

（3）Loch Ness（苏格兰语的拼写）

第四章 跨文化交际下的英汉人名与地名翻译

（4）哈德良长城

（5）Big Ben

（6）Lingnan Region（including Guangdong, Guangxi and Hainan provinces as a whole）

（7）（along）the Pearl River Valley

（8）Guangdong Province（旧时称 Canton）

（9）the Pearl River Delta（PRD）

（10）the alluvium made by the Pearl River

（11）the Backyard of Guangdong Province（Northern Guangdong）

（12）Mt. Nanling is the largest in Northern Guangdong

（13）Shikengkong Peak of Mt. Dadong in Ruyuan Yao Autonomous County in the Northern Guangdong is the highest geographic point of the province, about 1902m high above sea level.

（14）Leizhou Peninsula

（15）Leizhou Bay

（16）Dapeng Bay

（17）Baishawan Bay

（18）Chaozhou-Shantou Coastal Plain（mainly the Hanjiang River Delta）

（19）Kowloon Peninsula

（20）New Territories

（21）Hong Kong Island

（22）Asia's world city

（23）Macao Peninsula

（24）Luhuan Island

第五章　跨文化交际下的英汉动物词与植物词翻译

【本章要点】

英语和汉语的文化差异赋予了客观世界中的动植物以不同的文化内涵，并且使得在日常的交际中出现了很多动植物相关的词汇表达。与此同时，对动植物文化内涵的掌握和了解也有助于更好地理解英汉文化差异，从而更有利于跨文化交流。本章对动植物的文化内涵进行对比，然后对其具体的翻译方法进行研究。

【学习目标】

1. 把握英汉动物、植物文化差异。
2. 了解英汉动物、植物文化的翻译方法。
3. 熟悉常见英汉动物、植物词汇的翻译。

第一节　跨文化交际下的英汉动物词翻译

一、英汉动物文化差异分析

人们经常会将某些自然现象、抽象概念、社会特征或者人性与动物联系在一起，进而产生了很多具有丰富文化内涵的动物词语。但是由于

第五章 跨文化交际下的英汉动物词与植物词翻译

文化差异,不同国家赋予动物的文化内涵不尽相同。

(一)马和 horse

马(horse):忠实、快(loyal, quick)。

西方的 horse 在历史上也起到过非常重要的作用,所以有很多与马有关的习语表达。现在西方生活中的马多用于赛马/赌马,从下面的例子也可以看出。

(1)Dave is a big eater but he's met his match with Gordon—he eats like a horse.

戴维很能吃,他碰到了同样非常能吃的戈登。

(2)horse laugh 粗声大笑

(3)hold one's horse 沉住气

(4)horse sense 常识

(5)salt horse 海军中的非职业军官

(6)put the cart before the horse 本末倒置

(7)Lock the stable after the horse is stolen.

亡羊补牢,为时已晚。

(8)A ragged colt may make a good horse.

丑驹可以长成骏马。(喻后生可畏)

(9)A horse stumbles that has four legs.

人有失手马有失蹄。

(二)猪(pig)

猪(pig):肮脏、丑陋、懒惰、贪得无厌(dirty, nasty, lazy, and greedy)。

汉语中的"猪"多为贬义,"笨猪、死猪不怕开水烫、猪脑子"都是语气极重的骂人词语。

英语中的"Pig!"也是骂人的脏话,其他表达也均为贬义。例如:

(1)eat like a pig 吃得像猪一样

(2)make a pig of oneself 大吃大喝

(3)He has been a pig about money.

他对钱贪得无厌。

(4)He is as dirty and greedy as a pig.

他像猪一样肮脏贪婪。

（5）To teach a pig to play on a flute: to do something impossible（类似汉语的"对牛弹琴"）。

中国经典作品《西游记》中的猪八戒是贪吃贪睡、好吃懒做的形象。习语中的"懒猪""猪头猪脑"描述的都是猪的懒惰、愚蠢。

二、英汉动物文化的翻译方法

（一）尽可能用同样的动物翻译

动物的特性是超越国界的，这一点是直译动物词的基础，此外由于两种文化的交流与互动，很多词语在两种语言中能找到完全对等的说法。例如：

（1）It is a good horse that never stumbles, and a good wife that never grumbles.

马有失蹄。（再好的马也失蹄，再好的妻子也唠叨）

（2）A running horse is an open grave 行船走马三分命。

（3）The best horse needs breaking, the aptest child needs teaching.

人要练，马要骑。（马再好也需要训练，小孩再聪明也需要教育。）

（4）He that steals an egg will steal an ox.

小时偷鸡，长大偷牛。

（5）Tyranny is fiercer than a tiger. 苛政猛于虎。

（6）fish in troubled water 浑水摸鱼

（二）若没有相应的喻体，则不必译出

1. 汉译英中的动物

（1）蛛丝马迹 something fishy[①]

（2）拍马屁 lick somebody's boots

（3）声色犬马 drown oneself in sex and pleasures

（4）虎口余生 have a narrow escape

（5）不入虎穴焉得虎子 nothing venture, nothing gain

[①] 杨元刚. 说牛道马：英汉动物词的联想意义与翻译[J]. 山东外语教学, 2003（4）: 13-18.

（6）费了九牛二虎之力 make tremendous effort

2. 英译汉中的动物

（1）kittle cattle 难对付的人
（2）as poor as a church mouse 一贫如洗
（3）as blind as a bat 瞎了眼；有眼无珠
（4）as cheerful as a lark 兴高采烈
（5）as fresh as an oyster 精力充沛
（6）as lively as a cricket 非常活泼

第二节　跨文化交际下的英汉植物词翻译

一、英汉植物文化差异分析

桃子（peach）是一种常见的水果，白里透红、肉嫩汁多、鲜美可口，人们由桃子很容易联想到粉面桃腮的少女，于是英汉两个民族都用桃子（peach）来指代皮肤细洁、白里透红的妙龄少女。

在英语中，"She is really a peach." 常用来形容漂亮有吸引力的女子。此外，peach 还可表示美好的事物，如"What a peach of a room!"（多么漂亮的房间！）在汉语中，桃花也用来指代青春妙龄女子，如唐代诗人刘禹锡在《竹枝词》中写道："山桃红花满上头，蜀江春水拍岸流。花红易衰似郎意，水流无限似侬愁。"诗中"桃花"一语双关，桃花春意正浓，美人姿色正靓，无奈落花有意，流水无情，真可谓一场桃花劫。又如，唐代诗人崔护《题都城南庄》诗云："去年今日此门中，人面桃花相映红。人面不知何处去，桃花依旧笑春风。"此处"桃花"也喻指意外相逢的美貌女子。英国翻译家贾尔斯（H. Giles）将此诗译为 *A Retrospect*。

On this day last year what a party were we!
Pink cheeks and pink peach-blossoms smiled upon me;
But alas the pink cheeks are now far far away,
Though the peach-blossoms smile as they smiled on that day.

吕叔湘先生在书后《赘言》中评价说"这首诗通体自然流畅，和原诗对称"。① 这完全得益于译者贾尔斯对桃花在中英两种文化中联想意义共鸣的深刻了解和对原诗意境的准确把握,在译文中 peach-blossoms 使用了双关修辞手法,既指美人又指城南花园中盛开的桃花,桃花映美人,美人似桃花,崔护不知是美人笑还是桃花笑。② 译者在翻译中也使用了模糊语言,第二行 pink cheeks 与 pink peach-blossoms 前均无定冠词 the,二者既可以看作一个整体,也可以看作两件独立的事物,and 表示 like 之意,即像桃花似的美人。and 的这种用法在英文中很常见,如 love and a cough cannot be hidden,表示"恋爱如同咳嗽,叫人无法掩藏"。

如果译者直接用 peach 一词来译桃花,那么这种朦胧的意境美则更令人心旷神怡。陆谷孙教授主编的《英汉大词典》(缩印本)中解释,peach 可表示桃花、桃树、桃子,peach-blossom 表示桃花或桃红色(即 pink)。相比之下,贾尔斯译文不如用 peach 更简洁,因为 peach 既指美人又指桃花,这样可以融情于景,化景为情,用简洁语言塑造一种一切景语皆情语的境界。

在英汉两种语言中,桃花(peach)除了用来指代美人外,还可以用来形容女性白里透红的肤色,尤指少女双颊颜色。《警世通言》中描写杜十娘"两弯眉画远山青,一对眼明秋水润。脸如莲萼,唇似樱桃。"当然,桃花有时也形容男性红润的脸庞,但一般用"桃瓣",女性红润的脸庞一般用"桃花"来形容,因为花有女性的联想,尤其是漂亮的女性。《红楼梦》中贾宝玉出场时曹雪芹写道:宝玉"面若中秋之月,色如春晓之花,鬓若刀裁,眉如墨画,颜如桃瓣,目若秋波。"好一个英姿飒爽的怡红公子!在汉语中人们把女子的脸庞称为"桃腮",英文中对应的说法是 peachy cheeks,如"She may have contrived to keep her peaches and cream complexion."(她也许已想出办法来保持自己白皙红润的肌肤。)

在中国古典小说中,作家刻画少女饮酒后脸上出现的红晕时常用"三杯竹叶穿肠过,两朵桃花脸上来"。正因为桃花在汉语中常与女性联系在一起,所以有爱情的联想。宋代陆游与表妹唐婉本是恩爱夫妻,由于陆游母亲的干扰,这对情人被拆散,唐婉后来迫于父命另嫁,数年后

---

① 雷冬雪,于艳平,闫金梅等.英汉词语跨文化综述[M].长春:吉林文史出版社,2009:159.
② 杨海庆.中西文化差异及汉英语言文化比较[M].北京:知识产权出版社,2005:89.

第五章 跨文化交际下的英汉动物词与植物词翻译

二人相遇于绍兴沈园,唐婉未忘前情,送黄籘酒给陆游。陆游思绪万千,在沈园墙上题了一首《钗头凤》,叙述自己心中的离愁别恨,词下阕云:"春如旧,人空瘦,泪痕红浥鲛绡透。桃花落,闲池阁。山盟虽在,锦书难托。莫!莫!莫!"这里,诗人用桃花象征他们过去的恩爱之情,由于封建礼教的摧残,他们的爱情之花凋落了,正如俗谚所云:三月桃花满树红,风吹雨打一场空。英文中 peach 却无这种对应的联想意义,所以,"桃花"与 peach 在联想意义上只是部分对应。桃花在汉语文化中还有许多其他的联想意义,如象征长寿(蟠桃会)、学生(桃李满门)、义气(桃园结义)、春天(桃花雪、桃花汛)、美好(世外桃源),而英美人看到桃花(peach)却无法产生这些相似的联想。

在英汉两种文化中,玫瑰都象征爱情,因为玫瑰花不蔓不枝一花独放,而且每年春季开花,一年只开一次,故人们用玫瑰象征忠贞的爱情。美国短篇小说家欧·亨利的小说《警察与赞美诗》中,当 Soapy 听见教堂中新年的钟声时,他想起了自己过去曾经拥有的体面工作和美好的婚姻,这时欧·亨利便用玫瑰象征 Soapy 曾经拥有的爱情——"He remembered his old days with white collars and roses."

英国诗人彭斯写过一首脍炙人口的名诗,*My Love Is Like a Red, Red Rose*,而中国流行歌坛近年也曾传唱一首《九百九十九朵玫瑰》。在英语文化中,玫瑰(rose)还可用来指代"极其美丽可爱的女子",相当于 peach,如"She is a rose of loveliness."(她长得妩媚动人。)

英国诗人 W. 布莱克(1757—1827)写过一首《我可爱的玫瑰树》的诗,布莱克在此诗中把他的恋人比作玫瑰:有人要拿一朵花给我,五月的花从来没有这么美,但我没有要这美丽的花,我说,"我有一棵美丽的玫瑰"。我到我可爱的玫瑰树那里,不分昼夜地殷勤服侍,但我的玫瑰嫉妒了,不理我,她的刺成为我唯一的欢娱。

英国诗人赫里克(Robert Herrick)写过一首诗,题为《快摘玫瑰花蕾》(*Gather Ye Rosebuds*),全诗一共四节,前两节如下(黄杲炘译)。

(1)Gather ye rosebuds while ye may,
快摘玫瑰花蕾,趁你还年少,
Old time is still a-fling;
时光在飞逝不停;
And this same flower that smiles today,
今天这朵花儿还含着微笑,

Tomorrow will be dying.
明天它就会凋零。
（2）The glorious lamp of heaven, the sun,
太阳这朵光辉灿烂的天灯，
The higher he's a-getting,
越是升向那天顶，
The sooner will his race be run,
它呀，就越是接近于走完全程，
And nearer he's to setting.
离落山也越近。

这里 rosebud 不仅指玫瑰花蕾，还可指初踏社会缺乏经验的少女，英美人还用 peach fuzz（桃子上的绒毛）比喻毛头小子。

赫里克的这首诗在意境上颇似杜秋娘的《金缕衣》：劝君莫惜金缕衣，劝君惜取少年时。有花堪折直须折，莫待无花空折枝。这两首诗都是劝谕世人赏春趁年少，因为红颜易凋，表现了东西方文明对人本体价值的尊重。花有女性的联想，尤其是漂亮的女性。例如，一个班级/系/学校最漂亮的女性被称为"班/系/校花"，英文中称之为 Miss Class/Department/University。汉谚"一朵鲜花插在牛粪上"则比喻俏妇嫁拙夫。

此外，rose 在英语文化中还代表"安乐的境地"，如"Life is not all roses."（或"Life is not a bed of roses."）表示人生并非事事称心如意，如果有人事事称心如意，英美人便说 roses all the way。玫瑰（rose）是一种美丽的花朵，常常在叶柄上长满刺藜，故英文中有"There is no rose without thorns."的说法，形容"世上没有尽善尽美的欢乐"，a life with thorns and tears 比喻坎坷的人生。在英文中，under the rose 表示"秘密地"，如"He told me the whole truth under the rose." Under roses 意为"他秘密地告诉我事情的全部真相"。

（青）草（grass）在英汉两种文化中都可引起"众多""默默无闻"的联想，如 grassroots 表示基层，而汉语中封建统治阶级把不堪受压迫、上山落草为寇的农民起义军称作"草寇"。"草"字一喻多，如"草木皆兵"；二喻贱，如"草菅人命"。大诗人杜甫一生卑微不得志，只做过工部左拾遗之类的小官，但他位卑未敢忘国忧，虽然晚年住在成都郊外草堂且年老多病，但他以鬼神之笔写出了传世之作"三吏"和"三别"，发挥了文

第五章 跨文化交际下的英汉动物词与植物词翻译

学补察时政、泄导人情的作用,真可谓是人生一世,草木一春,后人赞之为"世上疮痍,诗中圣哲,民间疾苦,笔底波澜;"。在汉语中,默默无闻的老百姓被称为"草民"或"草头百姓",相当于 the grassroots。古代平民以白茅草盖屋作顶,以挡风避雨,而富人却住在朱门华堂,故白屋比喻贫寒之士,谓"白屋出公卿"。

李白诗云:"腹中贮书一万卷,不肯低头在草莽"。这里草莽就是指功名未取的白丁身份。中国人深受道教文化影响,常以出世的态度做入世的事情,一方面认为人生如轻尘栖弱草,何必自寻烦恼;另一方面,又认为人生如弱草闹枯荣,为人又怎能自甘平庸?在英文中,grass widow 表示被遗弃的少妇(或情妇),英美人有句诙谐语:"A grass widow has caught up with a hay fever." a snake in the grass 表示隐藏的敌人,send sb. to grass 表示"……退休(或赋闲)"。

汉语成语"打草惊蛇"中的蛇也表示隐藏的坏人,陈文伯教授指出,"打草惊蛇"不能译为 wake a sleeping dog,因为后者表示"自找麻烦"(step up trouble),而"打草惊蛇"中的蛇比喻隐藏的坏人,他是侦察捕捉的对象,打草就会惊动坏人,使其逃跑或采取对策。所以,陈文伯教授认为"打草惊蛇"应译为 beat the grass and frighten away the snake—act rashly and alert the enemy。我们觉得"打草惊蛇"中的蛇完全可以套用英文成语 a snake in the grass,这样译文会变得更贴近原文。

当然,青草在英汉两种文化中也有不同的联想。在英文中,"The grass is greener on the other side of wall."比喻这山望着那山高,而"Let the grass grow under one's feet."是形容办事拖拖拉拉浪费时间。另外,在汉语中,青草还象征着生命力的旺盛,如白居易的《赋得古原草送别》云:"离离原上草,一岁一枯荣,野火烧不尽,春风吹又生"。英谚云: ill weeds grow fast/apace.

白居易的"原上草"形容正义的事物拥有旺盛的生命力,逢春发又生。而英文 ill weeds 则比喻不好的习惯或坏的作风很容易养成并传染他人。[①]

此外,汉语中"寸草"还可象征子女的孝心,语出孟郊的诗句:谁言寸草心,报得三春晖。还有"草木皆兵",语出历史上有名的淝水之战,形容人极度惊恐时,神经过敏,疑神疑鬼的心理状态。还有"结草衔环"

[①] 张安德,杨元刚.英汉词语文化对比[M].武汉:湖北教育出版社,2003:45.

形容报恩,"草长莺飞"形容春天的景象,"草头天子"比喻出没于草泽中的造反者的首领,"芳草"用来比喻年轻女子,俗谚"老牛吃嫩草"比喻老夫娶少妻(英美人称之为 May-December couple)。苏轼词云:枝上柳绵吹又少,天涯何处无芳草。英美人则用 "There are so many fish in the sea." 表达相同的意思。

二、英汉植物文化的翻译方法

（一）直译法

当某种植物词汇在英汉两种语言中的文化内涵相同或相似时,即可采取保留形象直译的翻译方法,这样不仅能够保留源语的文化特征,而且能丰富译文的语言。例如:

Great oaks from little acorns grow.
合抱之木,生于毫末。
Lose the forest for the trees.
见树不见林。(捡了芝麻,丢了西瓜。)
Forbidden fruit is sweet.
禁果分外甜。
A sesame stalk puts forth blossoms notch by notch, higher and higher.
芝麻开花节节高。
As you sow, so shall you reap.
种瓜得瓜,种豆得豆。

（二）直译加注释

对不了解西方文化的读者而言,直译也经常使他们困惑。此时,可以在保留原文的植物形象的基础上,再阐释其文化意义。例如:

as like as two peas in a pod
一个豆荚里的两粒豆(一模一样)
A rolling stone gathers no moss.
滚石不生苔。(改行不聚财。)

（三）舍弃形象意译

汉语中一个跟竹子有关的成语"胸有成竹",如果译成 have a

bamboo in one's stomach，英语国家的人会很不理解，所以只能译出其比喻意义 have a well-thought-out plan before doing sth.，也可以用英语成语来套用 have a card up one's sleeve。[①]

还有一些表达，如 spill the beans（撒豆子），as cool as cucumber（像黄瓜一样冷），to be full of beans（充满了豆子），be a peach（是一个桃子）等往往不能以其字面意义来理解，而应分别理解为"泄漏消息（秘密）""十分冷静""精力充沛""受人喜欢的人"。

（四）转换形象套译

英汉字面意义相同的植物词汇，其联想含义可能不一致；而字面意义不同的植物词汇，其联想含义可能一致。译者在翻译植物词汇时，可以根据文化差异调整植物词汇在译语中的表达方式。例如：

Oaks may fall when reeds stand the storm.
疾风知劲草。
come out smelling of roses 出淤泥而不染
New buildings spring up like mushrooms.
新建筑如雨后春笋一般涌现出来。

【内容小结】

人与动物相依共存，频繁接触，因此在人类的语言中必然存在大量动物名称的语汇，存在大量以动物为喻体的隐喻表达法，并依据动物的外貌、习性等特征赋予它们特定的情感和喻义。另外，中西民族所处的地理环境差距很大，导致不同气候条件和生态环境植物生长有不一样的情况。对英汉动物、植物文化及其差异的学习，有助于学生在翻译实践过程中顺利完成学习任务。

---

① 冯庆华．翻译365[M]．北京：人民教育出版社，2006：177．

【同步练习】

一、翻译下列动物词汇

（1）eagles, vultures and peacocks scream

（2）elephants trumpet

（3）falcons chant

（4）flies buzz

（5）fowls clack

（6）foxes bark and yelp

（7）frogs croak

（8）goats bleat

（9）grasshoppers chirp and pitter

（10）guinea fowls cry

（11）guinea pigs and hares squeak

（12）hawks scream

（13）hens cackle

（14）hyenas laugh

（15）jackals howl

（16）jays and magpies chatter

（17）larks sing

（18）linnets chuckle in their call

（19）lions and tigers roar and growl

（20）mice squeak and squeal

（21）monkeys chatter and gibber

（22）mosquitoes buzz

（23）oxen low

（24）parrots talk

（25）pewits cry

（26）pigs grunt

二、翻译下列植物词汇

（1）apple of Sodom/Dead Sea apple

（2）wise apple

（3）an apple of discord
（4）a smooth apple

【参考答案】

一、翻译下列动物词汇

（1）鹰,秃鹫和孔雀尖叫

（2）大象叫

（3）猎鹰叫

（4）苍蝇嗡嗡叫

（5）家禽鸣叫

（6）狐狸叫

（7）青蛙呱呱叫

（8）山羊咩咩叫

（9）蚱蜢喊喳

（10）珍珠鸡叫

（11）天竺鼠和野兔吱吱叫

（12）鹰叫

（13）母鸡咯咯叫

（14）鬣狗像笑似的叫

（15）豺嚎

（16）松鸦和喜鹊喳喳、唧唧地叫

（17）云雀鸣叫

（18）红雀叫声咯咯

（19）狮和虎吼叫或嗥叫

（20）鼠吱吱叫和长声尖叫

（21）猴鸣或啸

（22）蚊子嗡嗡叫

（23）牛哞哞叫

（24）鹦鹉学舌地叫

（25）凤头麦鸡叫

（26）猪噜噜叫

二、翻译下列植物词汇
(1)喻指华而不实的东西
(2)喻指傲慢的年轻人
(3)祸根
(4)讨人喜欢的人

第六章　跨文化交际下的英汉颜色词与数字词翻译

【本章要点】

在社会长期发展的历史过程中，人们认识了多种多样的色彩，也对数字的使用有了经验的积累，不过东西方民族对于颜色词、数字词的文化内涵存在差异，这是由于不同的生活习惯、地域环境所造成的。本章就针对跨文化交际下的英汉颜色词、数字词翻译展开深入分析，帮助学生对这方面知识有充分的把握。

【学习目标】

1. 对英汉颜色词、数字词的文化内涵有所认知。
2. 掌握常见英汉颜色词、数字词的对应译法。
3. 了解英汉颜色词、数字词的常用翻译方法。

第一节　跨文化交际下的英汉颜色词翻译

一、英汉色彩词内涵意义的相似性

（一）"黄色"和 yellow

（1）黄色和 yellow 都有"危险、警告、虚弱、萧条、悲凉"之意。例如：

汉语中有"面黄肌瘦",英语中有 yellow fever(黄热病), yellow blight(萎黄病)。

a yellow card 亮黄牌

double yellow-line 双黄线(在交通中表示禁止逾越)

岁去人头白,秋来树叶黄。搔头向黄叶,与尔共悲伤。(唐代卢纶《同李益伤秋》)

满地黄花堆积,憔悴损,如今有谁堪摘?(宋代李清照《声声慢》)

(2)汉语中的"黄色"还有"下流""低俗""色情"之意,如"黄色笑话""黄色期刊""扫黄"等。英语中虽然一般用 blue jokes 表示"色情笑话", blue movies 表示"色情电影",但是也用 yellow journalism 表示"八卦报纸杂志"。[①]

(二)"红色"和 red

红色在汉语中表示"喜庆""热闹""温暖""害羞"等意,也表示"血腥""色情",如汉语中有"脸红""依红偎翠""红杏出墙"等表达,同样英语中的 red 也有类似的含义。

Her face turned red.

她脸红了。

to roll out a red carpet 铺展红地毯(以迎接重要客人)

red letter day 纪念日;喜庆的日子

to paint the town red 痛饮,狂欢

red battle 血战

red-handed 正在作案的;手染血的

to see red(to turn red with anger)大发雷霆、火冒三丈

to wave red flag 惹人生气(从斗牛运动中引申而来的含义)

二、英汉颜色词的翻译方法

(一)直译

直译指颜色词所表示的指称意义,因为这种意义在汉英两种语言中是相同的,所以可以直接按字面基本意义译出。例如:

---

① 孙俊芳.英汉词汇对比与翻译[M].北京:知识产权出版社,2016:56.

第六章 跨文化交际下的英汉颜色词与数字词翻译

1. 基本概念意义

红酒 red wine
黄酒 yellow wine
红场 the Red Square（in Moscow）
红字标题 rubric
白厅 White Hall（in London）
黑领带 black tie
青山绿水 green hills and blue waters/blue hills and green streams
碧海蓝天 a blue ocean under an azure sky
绿灯 green light
绿茶 green tea

2. 物体蕴含意义

金黄色 gold（yellow）
银白色 silver（white）
橘橙色 orange（golden yellow）
靛蓝色 indigo（blue）
牛皮色（米色）buff
象牙色 ivory
沥青色 piceous
赭石色（暗黄色）ochre
雪白色 snowy

除了上述的一些单个基本颜色词之外，还有一些由两个词构成的复合颜色词，一般都是由一个基色词前面加上一个表"深"或"浅"、"亮"或"暗"的形容词构成。汉语和英语的构词方法基本相同。汉语颜色词加深，英语就用 dark/deep + color words，如深红色 deep red；变浅就用 light/pale + color words，如浅绿色 light green；变亮就用 vivid/bright + color words，如亮蓝色 bright blue；变暗就用 dull/pale/darkling + color words，如暗黄色 dull yellow。当然，根据词义需要，还有其他一些形容词和副词也可以加上去，如 fresh、lush、luxuriantly 等。

还有一点要注意的是汉语中有些颜色词，一词可以表示几种颜色，也有一种颜色可以用几个不同的词表示。例如，"青"可以译成几种颜色:"绿"(青山 green hill)、"蓝"(青天 blue sky)、"黑"(青布 black cloth);反过来,几种颜色词可以译成一种颜色(实际上是一种颜色的不同表达)碧(海)、蓝(天)、青(天)均可用 blue 来译。

下面是有关颜色直译的两个例子。

那是1993年的一个夏日,那天阳光普照,碧空如洗。

It was a day in the summer of 1993. The sun was very bright and the sky cloudless blue.

赤橙黄绿青蓝紫,谁持彩练当空舞?雨后复斜阳,关山阵阵苍。

(毛泽东《菩萨蛮·大柏地》)

Red, orange, yellow, green, blue, indigo, violet,
Who's dancing with a colored band in the sky fire-lit?
After the rain the sinking sun is seen;
The mountain pass exhales floods of deep green.

(许渊冲 译)

(二)转译

转译是指有些颜色词在汉语里的所指和在英语里的所指不同,将一种颜色转换成另一种颜色译出,不是因为词本身的含义,而是由于表达习惯所致。例如:

红糖 brown sugar

红茶 black tea

红字标题 rubric

怡红公子 green boy

青丝 black hair

白发 grey hair

白开水 plain boiled water

青瓦 grey tile

黑色金属 ferrous metal

黑面包 brown bread

青天白日 blue sky and bright sun

封面和封底是重磅的米色道林纸,边上打了两个洞。

The covers were of heavyweight, buff-colored calendered paper with two holes punched in the edges.

第六章 跨文化交际下的英汉颜色词与数字词翻译

原句中的"米色"在译文中转译成了 buff-colored（牛皮色），这是因为英美人更熟悉后者，获得的信息更为准确。

贾宝玉品茶栊翠庵，刘姥姥醉卧怡红院。

Jia Baoyu tastes some superior tea at Green Bower Hermitage; and Grannie Liu samples the sleeping accommodation at Green Delights.

（D. Hawks 译）

显然译者将"翠"直译成 green，将"红"转换成 green，更好地体现原文的意义，也帮助英语读者正确理解原文。

（三）意译

意译是指有些颜色词在汉语和英语里的引申比喻意义不一样，翻译时完全脱离指称概念，而直接将其比喻意义译出。特别要指出的是几种主要基色如"红"与 red 的引申意义几乎相反，"黄"与 yellow 的引申意义也大相径庭，"黑、白"与 back、white 的引申意义也不尽相同。所以，在翻译时，要特别注意。例如：

红运 good luck

红利 dividend

红榜 honor roll

红／白（喜）事 wedding/funeral

红尘 the world of mortals

红光满面 glow with health

红人 favorite with sb.

红眼病 with jealous eyes, green eyed

红得发紫 enjoying great popularity

红角儿 popular actor or actress

红颜 a beauty

红粉佳人 a gaily dressed beauty

黄色电影 blue film

黄色音乐 decadent music

绿帽子 cuckold

青史 annals of history

蓝本 original version

小家碧玉 buxom lass

白丁 illiterate person

白手 empty hand

白搭 no use

白费力气 all in vain

白发红颜 an elderly person with white hair and rosy face

黑社会 criminal syndicate

黑帮 sinister gang

黑心 evil mind

黑手 evil backstage manipulator

黑幕 inside story

黑线 a sinister line

在全国范围内,一场扫黄扫黑运动正有效地进行。

A nationwide campaign to crack down pornographic produces or publications and criminal syndicates is carrying out effectively.

现在科技人才青黄不接。

There are not enough trained younger men and women ready to take over from older experts.

他不分青红皂白就把所有在场的人狠批了一通。

He had given a sharp criticism of all the people present before knowing who's right or who's wrong.

以上三句译文都没按字面译出一个颜色词,而是将汉语中这些颜色词的引申比喻意义译了出来,显得贴切自然。

第二节　跨文化交际下的英汉数字词翻译

一、语言中的数字

汉语中有"千里挑一",英语中也有 one in a thousand 的说法。也有一些意合而数异的说法,如汉语中有"一个巴掌拍不响",英语中却说:"It takes two to make a quarrel.",其实意思是一样的。汉语中将"小偷、

第六章 跨文化交际下的英汉颜色词与数字词翻译

扒手"有时称作"三只手",在美国俚语中也有时将贼称作 five fingers,这两种叫法中,数字词的不同是由于其"组码"的出发点不同。"三只手"为"多"之意,five fingers 则有特指之意,但所指的都是同一事物——"小偷"。汉语中有"乱七八糟"的说法,而英语中却说 at sixes and sevens。

在姓名称谓中,英汉语数字运用也有相同之处。例如,古汉语中有"二人为友,三人成众"的说法,而英语有对应说法"Two is company, but three is none."及"Two's company and three's acrowd."英语习语本身也有意义碰撞产生:"Three may accord, but two never can."但英文中有一种表达在汉语中却无法找到对应表达,即"Seven may be company, but nine are confusion."

此外,有一些英文数字表达的意思也是汉语数字所没有的,如 four leaf(幸运草)、five-o(警官)、four o'clock(紫茉莉)、forty winks(打盹儿,小睡)、fifth wheel(累赘)、like sixty(飞快地,很猛地)、thousand year egg(松花蛋)、eleventh hour(最后时刻)、take ten(休息一会儿)等,不胜枚举。

汉语中的数字词语在其语言中的应用面较英语要广得多,这是由汉字本身作为象形表意"音素"文字的特点所决定的。当然,由于语言是文化的一部分,受着文化的影响与制约,所以归根到底是由汉民族自身的文化特点所决定的。总体来讲,由于汉民族讲求"天人合一",讲求与自然的和谐统一,所以人们更倾向于将自己置于自然之中,去体悟自然、观察自然,故而文字中的联想和感情色彩就更为丰富一些。数字在人名、地名的构字、词、语句中都被广泛地运用。

二、模式数字与数字词语

在中国数字文化中,"七"具有极其重要的地位及作用。从典籍的可考性和记录上看,"七"比汉语中的其他数字具有更大的神秘性。

"七"为什么会有如此广泛的指代作用呢? 有人认为,这是因在 1~10 的数字中,唯有 7 既非其他数字的倍数,也非除数,同时还是一个质数,且正七边形是唯一一个用尺和圆规画不好的正多边形,因此它被认为是纯洁的象征,是一个神秘而又不可思议的数字。还有一种看法认为,因为古代许多民族的衣食住行无不与太阳、月亮、金星、水星等七星辰有着极为密切而又十分神秘的联系,它们给人类带来光明、温暖和生命,因此代表七星辰的数字"7"就带上了神奇色彩。人们在古时就提出天上有"七星",世上有"七珍"的说法,"七星剑"给人们神秘色彩,现在有的药名仍以"七珍丹"命名。周公门下的七位贤士被称为"周代七贤",魏晋的阮籍、嵇康等七人被称为"竹林七贤"。在诗歌中有七言、七绝、七律,人们还将方位划分为七个,即"东西南北中上下"。在《易经》中有"勿逐,七日得"的字句。

"三"这个数字,是除七之外,几乎东西方文化都最偏爱的。"三"有时象征着幸运,所以有这样的言语"第三次真是妙不可言"。"三"有时也代表厄运,如"当了三次伴娘,却从未做过新娘。""第三次沉下去了"(即淹死了)(引自《读者》1995年第3期)。在黑格尔的唯心主义辩证法中,提出了"正、反、合"的观点,在马克思的唯物主义辩证法中提出了"质、量、度"的哲学范畴,这其中均带有三分法的特点。在中国,"三"的位置则更为突出。与"三"联系在一起的语言与文化随处可见,难以尽数。

在《道德经》一书中,有一句人们十分熟悉的话:"道生一,一生二,二生三,三生万物。"此句中"三"为"道、一、二"逐步演化而生,并由"三"而生万物,"三"经常被人们引申为"多,杂,万物"之意。《史记·律书》中也说:"数始于一,终于十,成于三。"还有人认为人们刚开始识数时,一、二易记,而到了三以上就分辨不清,统称为"多"了,故而"三"就常被人们用来代指"多"或表示极限。

在对空间、物体及特点的把握中,能在上下、左右、前后、内外中又加之以"中";此外,"九"与"十二"也是两种文化中较为注重的数字。英汉语中,都将"九"认作数字的极致,故而在语言中也有所反映。英语中有 be dressed to the nines 的表达,意为打扮得特别漂亮。其中 to the nines 意为"完美地;十全十美地。"在汉语中,九作为最大的个位数,是繁多的化身。《内经·素问·三部九候论》中说:"天地之至数,始于一,终于九焉。"九又是极阳之数,是帝王的象征。《易经》的《乾卦·九五》中说,"九五,飞龙在天,利见大人",表示事物已达顶峰,故皇帝一般被称为"九五之尊"。而当九表示"极"与"多"时,常有"九天""九霄云外"的表达以言天之高,"九州""九原"之说以言地之广,"九万里"表极远之距。

此外,"十二"在英文中也受到了重视,在英文数字中,前十二个数字都有独立的词表示,而从十三开始的大部分数字就属于派生词了,且

第六章　跨文化交际下的英汉颜色词与数字词翻译

英语中习惯将 dozen 用作计数单位,这种用法后来还被引入中国。汉语中"十二分"一词表示程度的饱满、极限也是由英语中引入的。但在中国文化中,"十二"另有其独特意义,在文学语言中"十二"出现的频率也不少。例如,《红楼梦》中的"金陵十二钗",《木兰辞》中的"同行十二年,不知木兰是女郎""巫山十二峰""十二生肖""一年十二月""一天十二个时辰""人体有十二经"等。人们在对自然和人体的研究中,发现十二既与天时相合,又与人体相应,的确是一个十分玄妙神奇的数字。

三、用数字本身表示"最"的特点

在美国俚语中,也有 forty-leven (eleven)的用法,表示"许许多多,数不清的"。此外,forty 也可表示众多的、大数目的。汉语数字中,即使超过了"九",如果不求精确统计和计算,不应用于工程、制作等实践,只是表示繁多、极多,为了述说的简便,仍不妨说"九"。

清代汪中《述学·释三九》说:"生人之措辞,凡一二之所不能尽者,则约之以三,以见其多;三之所不能尽者,则约之以九,以见其极多。"例如,柳宗元的《登柳州城楼寄漳汀封连四州》诗中这样写道:"岭树重遮千里目,江流曲似九回肠。"这里的"九"即是对于多的虚指。

《墨子公输》中说:"公输盘九设攻城事机变,子墨子九距之。"《庄子·逍遥游》中有"抟扶摇而上者九万里"的语句来描述大鹏恢宏的气势。对于"三",孔子曾有过"余音绕梁,三日不绝",以形容时间之长久。又如,"石人三缄其口",表示多次询问也不回答。这样的例子太多,不胜枚举。但从中可以反映出中华文明对于数的独到而深蕴的理解。

四、用数字来代表特定事物、概念的用法

在英语中有用数字来代表事件的,人们有时会说:"Five it."意为"拒绝回答。"这一用法是从 Fifth 一词引申而来。[1]Fifth 一词在美语中指《美国宪法修正案》第五条"(The Fifth Amendment),此条规定"在刑事案中任何人不得被迫自证其罪"。

---

[1] 张安德,杨元刚.英汉词语文化对比[M].武汉:湖北教育出版社,2003:97.

在汉语中,我们可以发现以数代人或代物的说法,如通常人们所说的"略知一二","说不出个一二三来"等话语中,便以"一二""一二三"代事物的情况或因由头绪等。描述人的词也有,如人们在骂人时说"那人是二百五""十三点",表示此人鲁莽,没有头脑等意。但这些词的来源不详,有人解释"二百五"为古代一吊钱一半之一半,形容其无用,十三点则由"痴"字的笔画数而来。而在称谓中,兄弟之间会有"老二,老三……"等称呼以示排行,也明确了所指。

上述这类数字词语常见于口语、俚语之中,具有一定代表意义。这里还有一点值得提及,汉语数字词因是笔画文字,所以在笔画形象表达功能上是英文这一拼音文字的数字词所无法比拟的。汉语在字形与指写事物之间可以找出共同点,如汉语中有"一字眉,三字纹,八字胡,十字架"等词语,巧妙地将所写事物的线条与数字词本身的笔画图形联系了起来。

【内容小结】

中西文化中,各有自己喜爱、惯用的色彩、数字,在使用特点方面,它们有许多相同之处,这主要是由人类对自身和自然的认识过程中的共识文化而产生的,因为颜色、数字作为人类生存的自然界的一个规律反映,在各民族文化中都有相同、相通之处。西方文化受基督教影响颇深,中国文化也到处体现着儒、释、道思想的浸透,宗教的相似之处使文化也产生了相似。对英汉颜色、数字文化的内涵及差异进行深入分析,可以帮助学生对这方面知识有一个充分的把握,进而顺利展开翻译实践。

【同步练习】

一、翻译下列带有颜色词的表达
1. 汉译英
(1) 黄土
(2) 红宝石
(3) 绿宝石
(4) 红榜

（5）红豆

（6）红运

（7）红利

（8）红白喜事

（9）红尘

（10）红五月

（11）粉红的面颊

（12）红柳

（13）红人

（14）红绿灯

（15）红薯

（16）青丝

（17）收黑钱

（18）红烧肉

（19）红颜知己

（20）红袖添香

（21）红颜薄命

（22）红男绿女

（23）交白卷

（24）白马王子

2. 英译汉

（1）red ruin

（2）red vengeance

（3）red battle

（4）red clay

（5）red-handed

（6）in the red

（7）in the black

（8）blue moon

（9）blue stocking

（10）green room

（11）to be in the green

（12）to be in the green tree/wood

（13）black coffee

（14）brown bread

（15）white Christmas

（16）white lie

二、翻译下列带有数字词的表达

（1）four leaf

（2）four letter word

（3）five-o

（4）four o'clock

（5）forty winks

（6）fifth wheel

（7）like sixty

（8）nine days' wonder

（9）thousand year egg

（10）eleventh hour

（11）take ten

【参考答案】

一、翻译下列带有颜色词的表达

1. 汉译英

（1）loess

（2）ruby

（3）emerald

（4）honor roll

（5）love pea

（6）good luck

（7）extra dividend

（8）weddings and funerals

（9）human society/the world of mortals

（10）thriving May

（11）Rosy（ruddy）cheeks

（12）rose willow

第六章　跨文化交际下的英汉颜色词与数字词翻译

（13）a favorite with sb.

（14）traffic light

（15）sweet potato

（16）black hair

（17）take bribery/accept illegal money

（18）pork braised in brown sauce

（19）confidante

（20）the beauty accompanying her lovers reading

（21）a beautiful girl has（often）an unfortunate life

（22）fashionably dressed men and women

（23）hand in an unanswered paper

（24）Prince Charming

2. 英译汉

（1）火灾

（2）血腥复仇

（3）血仗

（4）黏土

（5）正在作案的

（6）亏损

（7）盈利

（8）千载难逢的时机或事情

（9）女学者；才女；女学究

（10）演员休息室

（11）血气旺盛

（12）处于佳境

（13）不加牛奶的咖啡，清咖啡

（14）全麦面包

（15）大雪纷飞的圣诞节

（16）善意的谎言

二、翻译下列带有数字词的表达

（1）幸运草

（2）下流词

（3）警官

（4）紫茉莉

（5）打盹,小睡

（6）累赘

（7）飞快地,很猛地

（8）昙花一现

（9）松花蛋

（10）最后时刻

（11）休息一会儿

第七章 跨文化交际下的英汉自然词与方位词翻译

【本章要点】

分析英汉语言中自然词汇与方位词汇的文化含义,并探讨它们的翻译,对于促进英汉民族的交流具有重要意义。对此,本章将对中英自然词汇与方位词汇这两类特殊词语的文化进行对比分析,同时探讨它们的翻译情况。

【学习目标】

1. 了解英汉翻译中常见的自然词、方位词。
2. 把握英汉自然词、方位词的文化差异。
3. 掌握常见英汉自然词、方位词的翻译方法。

第一节 跨文化交际下的英汉自然词翻译

一、天气与节气的内涵与翻译

(一)气象和天气

气象和天气是相互关联的,但又是两个不同的概念。如果想当然地认为气象的译法与天气差不多,那就错了。这里我们不关注"天气"的翻译,只看"气象"的相关英语表达。与"气象"相对应的英文单词是 meteorology,是一个专业术语,与它相关的表达如下。

气象观测 meteorological observation
气象预报 meteorological report
气象卫星 meteorological satellite
气象学家 meteorologist
气象仪器 meteorological apparatuses
气象记录器 meteorograph

下面是一些与测量气象有关的仪器和用具的语汇译例。

wind speed counter 风速计
artificial rain device 人工降雨装置
mercury barometer 水银气压计
collecting vessel 积雨容器
cloud chart 云图
box kite 观测天气用的箱形风筝

当然"气象"也可用于比喻意义,如"气象万千"等,但是这是另外一个概念了,此处不做详解。

(二)气候(climate)

与 weather 和 climate 相对应的中文选词分别为"天气"和"气候",二者表达的意思既相类似,又存在区别。相比较而言,前者为具体一些的小概念,后者为宽泛一些的大概念。例如:

我国北方气候干燥寒冷。
The climate in the northern part of our country is dry and cold.
只要天气好,明天我们就按计划动身旅行。
Weather permitting, we will set out on our journey as scheduled tomorrow.
那片区域属于热带气候。
That part of the region is subject to tropical climate.
这里的天气变化无常。
The weather here is changeable.

只有首先区分它们的异同才能保证译法的正确。相关语汇的译例如下。

continental climate 大陆性气候

第七章　跨文化交际下的英汉自然词与方位词翻译

marine climate 海洋性气候
frigid climate 严寒的气候
mild climate 温和的气候
bad weather 恶劣的天气
clear weather 晴朗的天气
damp weather 潮湿的天气
raw weather 阴冷的天气

可见,weather 和 climate 使用的场合并不一样,虽然"气象图"的译法也用 weather,即 weather chart,但是更多的时候二者是不能相互替代的。

（三）天气(weather)

weather 多指比较具体的天气现象,如"阴晴雨雪"等,但同时它也可以表示"气象"方面的意思。例如:

weather balloon 气象学上的探空气球
weather center 气象中心
weather eye 气象观测器
weather flight 气象侦察飞行任务
weather minimum 最低气象条件
weather radar 气象雷达

再有,美国国家气象局就叫 National Weather Service。因此,相对于 climate 来说,weather 的用法灵活多变,应用范围也相当广泛。[①] 在进行英汉互译时,需要注意上下文语境,对原文进行准确传达。例如:

broken weather 阴晴不定的天气
seasonable weather 合时令的天气
weather caster 天气预报播报员
weather modification 人工影响天气
weather prophet 天气预测器
weather vision 天气图像传递

The planes were weathered out at Shanghai airport.
因天气恶劣飞机无法进入上海机场。

---

① 冯庆华. 翻译 365[M]. 北京:人民教育出版社,2006:155.

We all saw a ship weather on us that day.
那天我们都看到一条船在我们的上风行驶。

（四）关于季节

汉语中的"季节"和英语中的 season 都可以指除了四季以外的某一特定时间段，当然春夏秋冬是它们最基本的义项。例如：

南京这时正是百花盛开的好季节。
Nanjing now is in its golden season, with hundreds of flowers in bloom.
南京不是太冷，就是太热，春秋两季非常之短。
Nanjing is either too cold or too hot, and people there can hardly feel the stay of spring and autumn.

不过，当它们用来指某一时令或时间段时，其使用的语境范围要比"四季"广得多。另外，中文还有些特有的时令说法。例如：

三九 the third nine-day period after the winter solstice——the depth of winter

三伏 the third ten-day period of the hot season——dog day

除此之外，"季节"和 season 还可用于比喻意义。例如：

经过这么多年的辛勤努力，他终于迎来了收获的季节：他的研究成果得到了专家们的一致肯定。
The harvest season finally came after so many years of hard work: his research achievements had won the unanimous recognition of the experts.

（五）阴晴雨雪

谈天气经常是人们闲聊的一个话题，也经常充当人们调节气氛的一个手段。了解并学会一些描述天气阴晴变化的表达方式的译法，应该是具有其实际意义的。可能是简单一点的，如"今天天气真不错。"（"It's really a nice day today."）；也可能是稍难一点的，如"这些日子天气又阴又晦，人们的心情也随之阴暗起来。"（"It's been gloomy and miserable these days, and people started to feel melancholy as well."）

事实上，掌握这些或难或易的天气用语，对我们日常的交流和必要的表述，都有好处。

以下是一些常用的天气状况的表达及其翻译。

毛毛细雨 drizzling rain　　　　　　彩虹 rainbow

东南风 southeaster
晴空万里 clear and boundless sky
天气晴朗 bright sunny day
一阵狂风 a violent gust of wind

一阵闷雷 a burst of muffled thunder
暴风骤雨 feeding storm
暴风雪 blizzard
冰雹 hail

晨露 morning dew
霜花 frost flowers
及时雨 timely rain
地面上的一层雪 snow cover

寒流 cold wave
闷热 stuffiness
（垂于屋檐的）冰柱 icicle
薄雾 thin mist

一碰上阴雨天，这路就没法走了。
Whenever it rains, the road simply becomes a muddy ditch.
突然而来的大风暴使我们不得不推迟计划的实施。
We had to postpone the execution of the plan because of the sudden tempest.

（六）astronomy 和天文用语

astronomy 一词在使用过程中意义的变化相对较小，其最主要的义项就是"天文学"。天文学和其他学科一样，都牵涉许多相关用语。有些还是非常基本的，像"天文学家""天文数字"等。虽然有些术语离实际生活较远，但有些常用语汇却是应该掌握的。例如：

天文学家 astronomer
天文数字 astronomical figures
天文台 astronomical observatory
天文摄影机 astronomical camera
天文仪器 astronomical instrument
天文观测卫星 astronomical satellite
天文馆 planetarium
天文望远镜 astronomical telescope
天文年历 astronomical yearbook
天文位置 astronomical position
天文测量 astronomical surveying
天文单位 astronomical unit
天文时间 astronomical time

天体物理学 astrophysics

（七）warm 和 hot、cool 和 cold

在汉语中，我们经常会听到这样的表达："真热啊！""冻死我了！"虽然中文就两个字："冷"和"热"，可是英语表达这两个概念的词语却有好几个，如不对它们进行正确的区分，在使用中就有可能出现错误。比如，当天气太热，令人感觉不舒服时，可以说"It's too hot!"然而如果表达天气暖和，感觉暖洋洋的，则可以说："What a warm day today!"

另外两个词 cool 和 cold 也是类似的情况：一个是"令人舒适的凉爽"，一个是"感觉不舒服的寒冷"。因此，在翻译时，一定要注意"冷暖适度"，恰如其分。例如：

这里真冷！
It's really freezing here!
他冷得发抖。
He was shivering from cold.
南方人不怕热。
People from the south are accustomed to hot weather.
天气热得叫人喘不过气来。
It's stifling hot.（I am suffocating in here.）
太阳晒得他浑身暖洋洋的。
He was enjoying the genial warmth of the sun.
外面虽然冰天雪地，可屋内却一片暖意。
It was a world of ice and snow outside, but here inside it's cozy and warm.
一阵秋雨过后，天气凉快多了。
It became pleasantly cool after a spell of autumn rain.
初春时节，仍有凉意。
The chill lingers in the early spring.

（八）"二十四节气"及其英译

二十四节气的名称的英译如下。
立春 Spring Begins　　　　　立秋 Autumn Begins
雨水 Rain Water　　　　　　处暑 Heat Ends

第七章　跨文化交际下的英汉自然词与方位词翻译

惊蛰 Insects Awaken　　　白露 White Dew
春分 Vernal Equinox　　　秋分 Autumn Equinox
清明 Clear and Bright　　　寒露 Cold Dew
谷雨 Grain Rains　　　　　霜降 Frost Descends
立夏 Summer Begins　　　立冬 Winter Begins
小满 Grain Fills　　　　　小雪 Little Snow
芒种 Grain in Ear　　　　大雪 Heavy Snow
夏至 Summer Solstice　　 冬至 Winter Solstice
小暑 Slight Heat　　　　　小寒 Little Cold
大暑 Great Heat　　　　　大寒 Severe Cold

二、自然词汇的英译

（一）意译

戴权会意，因笑道："想是为丧礼上风光些。"贾珍忙笑道："老内相所见不差。"

（曹雪芹《红楼梦》第十三回）

Dai Quan rejoined with a knowing smile, "To make the funeral more sumptuous, I presume?"
"Your assumption is correct, sir."

（杨宪益、戴乃迭 译）

心比天高，身为下贱。风流灵巧招人怨。

（曹雪芹《红楼梦》第五回）

Her heart is loftier than the sky,
But her person is of low degree.
Her charm and wit give rise to jealousy.

（杨宪益、戴乃迭 译）

王夫人正因他风声不雅，深为忧虑，见他今行此事，岂有不乐之理。

于是尤二姐自此见了天日，挪到厢房住居。

（曹雪芹《红楼梦》第六十九回）

  Lady Wang had been worried because of Xifeng's bad name. Now that she was taking in a second wife for her husband, she was naturally pleased. So from now on Second Sister could come into the open, and she moved to Xifeng's side rooms.

（杨宪益、戴乃迭 译）

  贾宝玉初试云雨情，刘姥姥一进荣国府。

（曹雪芹《红楼梦》第六回）

  Baoyu has his first taste of love; Granny Liu pays her first visit to the Rong Mansion.

（杨宪益、戴乃迭 译）

  弟兄两个本是风月场中耍惯的，不想今日反被这个闺门之女一席话说住了。

（曹雪芹《红楼梦》第六十五回）

  The two cousins, for all their experience of loose women, now found themselves struck dumb by this chit of a girl.

（杨宪益、戴乃迭 译）

  那婆子谢了官人，起身睃这粉头时，一钟酒落肚，哄动春心，又自两个言来语去，都有意了，只低了头，却不起身。

（施耐庵《水浒传》第二十四回）

  Mistress Wang thanked him and got up, glancing at Golden Lotus. The dram of wine inside the girl was string her passions. She and the man were talking freely. Both were aroused. Golden Lotus kept her head down, but she didn't leave.

（Sidney Shapiro 译）

第七章　跨文化交际下的英汉自然词与方位词翻译

千形万象竟还空，映水藏山片复重。
无限旱苗枯欲尽，悠悠闲处作奇峰。

（来鹄《云》）

Clouds are taking on ever changing aspects, but in vain;
In waters or hills they shape now in sheet and mass again.
Crops and young plants everywhere almost die of thirst and drought;
The clouds leisurely and freely show off and play about.

（郭著章 译）

凄然，望江关，飞云黯淡夕阳闲。

（柳永《戚氏》）

I feel so sad and drear.
Gazing on the far-off river,
I see the cloud-veiled setting sun shiver.

（许渊冲《宋词三百首》，湖南出版社，1996）

Flow gently, sweet Afton! Among thy green braes.
Flow gently, I'll sing thee a song in thy praise.
My Mary's asleep by thy murmuring steam.
Flow gently, sweet Afton, disturb not her dream.

（Robert Burns）

在绿色的山谷，轻轻地流着，甜美的阿芙顿河
轻轻地流啊，我要为你唱一支赞歌
我的玛丽睡着了，伴着潺潺的流水
轻轻地流啊，甜美的阿芙顿河，不要惊扰她的好梦。

（二）直译

好雨知时节，当春乃发生。

随风潜入夜,润物细无声。

(杜甫《春夜喜雨》)

Propitious rain is timely rain;
It occurs mostly in spring.
Borne on the wind, it sneaks in by night;
And gives vital moisture to all things.

昔人已乘黄鹤去,此地空余黄鹤楼。
黄鹤一去不复返,白云千载空悠悠。

(崔颢《黄鹤楼》)

The sage on yellow crane was gone a mind clouds white.
To what avail is Yellow Crane Tower left here?
Once, gone, the yellow crane will ne'er on earth alight;
Only white clouds still float in vain from year to year.

(许渊冲《中国古诗精品三百首》,北京大学出版社,2004)

(三)直译加意译

众人笑推他,说道:"快醒醒儿吃饭去,这潮凳上还睡出病来呢。"湘云慢启秋波,见了众人,低头看了一看自己,方知是醉了。[1]

(曹雪芹《红楼梦》第六十二回)

"Hurry up and wake up! We're going to eat. You'll make yourself ill if you sleep on this damp bench." Xiangyun slowly opened her eyes then and saw them all, then looked down at herself and realized she was tipsy.

(杨宪益、戴乃迭 译)

---

[1] 卢红梅.汉语语言文化及其汉英翻译[M].武汉:武汉大学出版社,2011:193.

第七章　跨文化交际下的英汉自然词与方位词翻译

（四）直译加注释

闲愁万种。无语怨东风。

（王实甫《西厢记》）

I am saddened by a myriad petty woes
And, though I speak not,
I am angry
At the breeze from the east.

（Hart 译）

第二节　跨文化交际下的英汉方位词翻译

一、英汉空间词在使用的形式上有重合，也有差错

　　它们的相同之处在于，在方位词的表达上存在对应：north 北, south 南, east 东, west 西, left 左, right 右。在表示运动关系的空间词中，英汉空间词也有相似的对应，如 along 沿、from 自从、out of 出于等。它们的不同之处在于英文空间词一般以一个独立的介词或副词表达一种空间关系（当然也有少数复合词），而汉语中一般没有这类专用介词，常常用"在……+方位名词"的格式。这里呈现出汉字作为表意文字的灵活特点，不同于英语注重形式与规范性的特点，从而呈现出一词多义的现象。

　　下面几个词组说明它们的区别。
the village beyond the mountain 山那边的村庄
the field across the forest 森林那边的田野
the bank past the supermarket 超市那边的银行
the man sitting there 坐在那边的人
英汉空间词还存在部分意义对应现象，如汉语中的"向……，朝……"等表示同一意义的词，在英语空间词中不仅可以找到 to、towards、against 等对应词，而且还可找到诸如 northward、southward、backward、upward、onto、into 等部分意义对应的词。

二、英汉空间词的翻译

（一）同一空间概念有时要用不同的方位词来表示

由于英汉对具体空间关系认知的差异，造成同一概念的表现形式不同，翻译时要引起注意。例如：

in the sunshine/sun 在阳光下
in the world 世界上
in the moonlight 在月光下

汉语的"上"字可以有很多不同的翻译。

on 表示"在其上且有接触"，如"The vase is on the table."

over 表示"垂直在上且不接触"，如"The clouds are over the mountains."

beyond 表示"抽象的超越其上"之意，如"It's beyond my power."

up 多做副词，表示"向上"，如"He stood up and walked out."

above 表示"在上但不一定垂直"。

（二）汉英方位词的互译不能做简单的对等或逆推

很多方位词可以在目的语中找到对等的翻译，但是不能做简单的逆推。例如，in pain 译为"痛苦中"；in desperation 可译为"在绝望中"。但是 in history、in newspaper 翻译为：历史上，报纸上。再如：

Unconditional love is probably the best thing in the whole world when it comes to love.

无条件的爱可能是全世界的爱中最好的一种。

方位词"外"与数量词组合，可以表示距离，在英语中常常译为 ...away。例如：

（1）你在家中就能很轻松地和与你相隔千里之外的人一起工作。

You can easily work from home and/or with people thousands of miles away.

（2）他住在二百英里外的一个小镇上。

He lives in a small town two hundred miles away.

并不是所有的"...away"都可以译为"……之外"。例如：

（1）Advice on how much fertilizer to use will soon be just a phone call away for rice farmers in the Philippines.

对于菲律宾的水稻种植者来说,他们很快就可以通过电话服务来了解究竟应该使用多少肥料了。

(2) On a tablet those apps will give users the impression that most songs, TV shows, and movies are just a click away.

在一个平板电脑上,那些应用程序将会给用户这样的感觉:大多数的音乐、电视节目和电影只需轻轻点击,就可获得。

【内容小结】

本章介绍了跨文化交际下的英汉自然词翻译,选取的主要是天气这一部分内容。中西方在天气的语言表达上差异较大,二者各自所带有的文化内涵对翻译造成了一定的影响。因此,学生需要对其中的文化内涵进行充分把握,进而选取合理的翻译方法进行实践。另外,本章还探讨了跨文化交际下的英汉方位词翻译,如上所述,方位词虽然有一部分在英汉语言中是彼此对应的,可以采取套译的方法,但并不是所有的方位词都可以套译,需要看情况来决定,即具体问题具体分析。

【同步练习】

一、将下列自然词翻译成英文
(1)旱季
(2)早春
(3)霜季
(4)初夏
(5)雨季
(6)晚秋
(7)梅雨季节
(8)隆冬

二、翻译下列空间与方位词汇
(1) The northeastern area had an upper level of urbanization in modern China.

(2) As a member of the upper middle class, he doesn't think a move to the upper class would make that much of a difference in his lifestyle, but giving up computers and the internet would.

(3) He is the right man at the right time.

(4) When the wind is in the east, it's neither good for man nor beast.

(5) When the wind is in the west, the weather is at the best.

(6) He is teetering on the edge of catastrophe.

(7) The ships in the bay present a beautiful sight.

(8) He will always live in our hearts.

(9) The mountain is coming into view.

(10) The incident burned itself into his memory.

(11) On his advice, I am staying in bed.

(12) On hearing this, Jesus said, "It is not the healthy who need a doctor, but the sick."

(13) Students are admitted only upon examination.

(14) A tax on banks would be a major step towards clearing up the mess caused by heir greed.

(15) Such a vehicle would run on petrol.

(16) He feeds the five people family on 30 pounds a week.

【参考答案】

一、将下列自然词翻译成英文

(1) dry season

(2) early spring

(3) frost season

(4) early summer

(5) rainy season

(6) late autumn

(7) plum-rain season

(8) second month of winter/midwinter

二、翻译下列空间与方位词汇

(1) 东北地区是近代中国城市化发展水平较高的区域。

第七章　跨文化交际下的英汉自然词与方位词翻译

（2）作为中上阶级,他认为爬到上层阶级并不会使他的生活方式改变很多,而放弃电脑和网络则不然。

（3）他来得正是时候。

（4）东风吹来,人畜不安。

（5）西风吹来,天气最佳。

（6）他正徘徊在灾难的边缘。

（7）海湾里的船呈现出一幅美丽的图景。

（8）他将永远活在我们的心里。

（9）山脉渐渐映入眼帘。

（10）那件事情在他的记忆中留下了不可磨灭的印象。

（11）依照他的劝告,我现在卧床了。

（12）耶稣听见,就说:"康健的人用不着医生,有病的人才用得着。"

（13）学生须经考试才能入学。

（14）对银行加增一个税项,将成为清理银行因贪婪而造成的混乱的重要一步。

（15）这种车要靠汽油驱动。

（16）他靠每周30英镑养活一家五口人。

第八章　跨文化交际下的英汉称谓语与委婉语翻译

【本章要点】

人们在社会中生活，必然需要与人打交道，在人际交往的过程中，称谓语与委婉语是必不可少的，二者的合理使用有助于交际的顺利展开。本章主要研究跨文化交际下的英汉称谓语与委婉语翻译。

【学习目标】

1. 了解英汉称谓语、委婉语的文化差异。
2. 掌握常见英汉称谓语、委婉语的翻译。
3. 掌握英汉称谓语、委婉语的翻译方法。

第一节　跨文化交际下的英汉称谓语翻译

在交际过程中人们总会以某种方式称呼对方，即使用称谓语。称谓语具有极其重要的社会功能，起着建立、保持和加强人际关系的作用。称谓语又是文化的载体，体现着不同文化的传统规范与价值取向。中西方文化的差异决定了汉语和英语拥有各自独特的称谓体系。

第八章　跨文化交际下的英汉称谓语与委婉语翻译

一、英汉称谓文化差异

人际称谓是任何语言中不可缺少的组成部分。在言语交际中,人际称谓的使用很大程度上反映了人际关系、社会层次结构以及文化心理、文化价值观等社会学和文化学所关注的问题。

我们着重从文化对比的角度考察了汉英两种称谓系统的异同,并以世界上使用最为广泛的两种语言——英语和汉语中的人际称谓作为研究对象,其目的是通过对两种类型人际称谓系统的研究,进一步了解作为东西文化典型代表的中、英文化之异同,并对人际称谓词这种特殊的语言表现形式与其文化内核的密切关系有所认识。

(一)亲属称谓的面称形式

在实际交际中,即当亲属之间面对面交谈时,并非使用标准称谓,而是使用另一套称呼系统。在这个系统中,亲属称谓、姓名、头衔和排行等都可用于对亲属的面称。其中需要指出的是,亲属称谓在具体使用时因地域等原因有许多变体,尤其在汉语中,这些变体主要集中在祖父母和父母的称谓上,如"祖父"有"爷爷""公公""伯翁"等。另外,在用姓名称亲属时,英、汉语中都偏向于使用名或各种昵称,表示出一种亲近。

在汉语中,亲属称谓通常用来称呼比自己辈分高或与自己同辈但比自己年长的亲属,而辈分高的人对辈分低的人则可以直呼其名。这一原则在汉语面称中要绝对遵守,在中国古代,父母和祖先的名字对辈分低的亲属来说甚至是一种"讳",在言谈中要避免提到,以免冲撞。《红楼梦》中提到林黛玉每次念到"敏"字时便要避开或念成其他字,就是因为避讳其母贾敏的名字。在英语民族中则不然,虽然对辈分高的亲属通常也要求使用亲属称谓,但对同辈,无论年长或年幼,一律使用名字。在某些较为开放的家庭,对父母甚至祖父直呼其名也不为怪。

英汉亲属称谓在面称形式上的另一差异体现在对同辈中长幼不同者的称呼上,汉语对同辈的亲属按长幼排序,而英语中则无此原则。在称呼与己身同辈人时,英语国家的人无论长幼一律用名,而在汉语中对年长者只用称谓,对年幼者用名或亲属称谓,除此之外还要使用表排行的面称修饰语。古代表排行的修饰语有"伯、仲、叔、季",现代汉语中则多用数字来表示,如"大、二、三……"。在英语中为区别辈分相同但高于己身的亲属,可在亲属称谓后加上被称呼者的名,如 Uncle George、Uncle Sam,而无须强调长幼排行。①

头衔在汉语中很少用来称呼亲属,尤其是直系亲属,即使在正式的社交场合,称呼亲属仍用亲属称谓或姓名。例如,儿子在父亲的单位上班,一般情况下,在单位里儿子仍用"爸爸"来称身为领导的父亲,而不用"……先生"或"……处长",除非两人平日里素来不和。而英语中使用社交头衔,尤其是用 Mr. + Surname 来称亲属的现象比较普遍。《傲慢与偏见》中班纳特先生和班纳特太太就用 Mr. 和 Mrs. 互称。这种差异表明汉语文化中的亲属和家族观念明显较西方重要。

(二)拟亲属称谓

拟亲属称谓的使用可以增进人际间的亲密程度,消除距离感。这种作用似乎是来自亲属称谓的特殊功能,即家庭成员间要比普通人之间的关系亲密。在英语中,儿童常用亲属称谓来称呼比自己年长的非亲戚。常用的词有 uncle、aunt、granny。这种称呼也只用于具有相当密切关系的熟人、邻居,而不可用于陌生人和关系一般的人。成年人不使用拟亲属称呼。

汉语中的拟亲属称呼使用范围则要广泛得多。常用的称谓有"爷爷、奶奶、叔叔、阿姨、伯伯、大哥"等。这些称呼语也可加上别的附加修饰语,如"老""大"作前缀,或接姓或名。这类用法的使用者也不仅限于儿童,成年人也可使用。例如:

李阿姨,新年好!

王大爷今年八十了。

大姐,这大白菜多少钱一斤?

在汉语中,更多的拟亲属称谓是用来称呼辈分高者或年纪长者,这一点与亲属称谓在亲属内部的使用情况一致。值得注意的是,英语中的 son 常被年长者(尤其是年岁较大的人)用来称呼年轻人,但这种用法似乎已失去了该词的本义,而相当于汉语的"小伙子"了,而 daughter 却不用于类似情况。在汉语中使用低辈分的亲属称谓词很少见,如果有谁被称作"儿子",他定会勃然大怒地认为"被占了便宜","孙子"更是

---

① 张安德,杨元刚.英汉词语文化对比[M].武汉:湖北教育出版社,2003:103.

第八章　跨文化交际下的英汉称谓语与委婉语翻译

一种用来进行羞辱的称呼。另一方面,在年纪相仿的人之间互用拟亲属称呼时,似乎更倾向于称对方为"哥"或"姐"而非"弟"或"妹",或将对方抬高一个辈分来称,即使自己年纪可能较对方要长。从这一点可以看出,汉语中的拟亲属称谓除表拉近距离外,似乎也是表示尊敬的一种方式。因为年长者和辈分高者在家族中是享受较高地位且极被尊敬的。

(三)汉语中的"老"和"小"作为称谓修饰语

"老"和"小"作为称谓修饰语是汉语中独有的称谓成分,在汉语中用得十分广泛。"老"后加姓可用于交际中年纪较长者(但不一定绝对年龄大),"小"则用于年纪较轻者。这种称呼既表现出尊敬,又是一种熟悉和亲切的感觉。比起"职衔 + 姓"这种称谓来,它更能缩短人际距离。例如:

老杨(杨处长),今天下午有个会,你去不去?

听了今天的天气预报没有,老李?

小王,你孩子今年几岁了?

同时,"老"和"小"用在工作场合或其他较正式的场合又不至于显得不够正式,而拟亲属称谓如"杨大爷""王大姐"等在工作场合就显得不太合适。

"老"在多数西方国家都是极不受欢迎的词,当然更不会用来作称呼语了。因此,若我们将汉语"老王"硬译成 Old Wang,会使人莫名其妙。"老"的这种不同待遇可以从两种社会对老年人的不同态度中找到答案。传统中国社会中的年龄是声望、阅历、地位的象征,老年人受到社会的普遍尊重;而西方社会中的年纪大则代表失业、无能和孤独,老年人的境遇多数凄惨。

(四)敬称和谦称

敬称和谦称也是汉语中独有的称谓现象。敬称通常用来称呼除自己和属于自己的亲属集团以外的人,在面对面交际中,多用来指交际对象或属于交际对象的亲属集团的人。而谦称则用来自称,或用于叙称指自己这一集团中人。

敬称和谦称的组成形式大致有两种。一是通过添加表敬或谦的修饰语。表敬的修饰语有令、贵、尊,表谦的有敝、舍、小。另一种方法是通过抬高对方的辈分、年龄,或降低自己的辈分、年龄以达到"卑己尊人"

的效果,也叫"降格称呼"。拟亲属称谓中多用对长辈或年长者的称呼,而少用辈分和年龄比自己低的称呼,其中"兄""大姐"等都是一种敬称。另一例是当交际双方年龄相仿时,多用"老"称呼,而不用"小"称呼,而自称则多用"小""弟"等。

  这种"卑己尊人"是汉民族礼貌原则的最大特点。《礼记》开篇称:夫礼者,自卑而尊人。这个礼貌原则不仅表现在称呼行为上,而且是指导人们一切言行的准则和规范,即对自己和与自己相关的一切事物都要表示出谦逊,而对对方的一切都要表现出尊敬和恭维。

  汉语民族的这种礼貌习惯就是通过贬低自己而使交际对象感到一种心理优势,从而体现出说话人对对方的一种尊敬,这与英语民族的礼貌习惯大相径庭。英语通常用句法手段或其他非言语交际手段而非词汇手段来表示礼貌,更重要的是,英、美人对中国人卑己尊人的礼貌原则常常无法理解。在他们看来,通过损害自己的"面子"而给他人"面子"的做法是不可思议的。尤其在现代英美社会,人们认为更礼貌的做法是交际双方的相互对等而非"权势"差别。

  英语中除少数职业或职务可用于称呼外,很少听到 Manager Jackson 或 Principal Morris 之类的称呼。在英语中,同长辈和上级说话或写信时并不需要什么特殊的称呼,一般情况下,"你"就是 you,"我"就是 I。

  当然也有例外,如对于皇室、贵族或较高地位的官员要用尊称:Your/His/Her Highness(阁下,殿下);Your/His/Her Honor;Your/His/Her Lordship(阁下,大人——对市长、法官等);Your/His/Her Ladyship(夫人);My Lord(大人——对大主教、法官等);Your Majesty(陛下——对国王、王后);Your Excellency(阁下)等。[①]

二、英汉称谓语的翻译方法

  近年来我国与国际不断接轨,很多洋味十足的职位和职称的名已经进入汉语,如 CEO(首席执行官), executive/exec(主管), sales representative/rep(销售代表), chief marketing officer(首席营销官), commercial representative/trade representative(商业代表)等。如果不

---

① 冯庆华. 翻译365[M]. 北京:人民教育出版社,2006:168.

注意，很可能硬译、死译而出现中式英译。例如：

总工程师

［误译］General Engineer

［改译］Chief Engineer

总设计师

【误译】General Designer

【改译】Chief Architect

由于中西文化的差异，汉英很多职位和职称大不相同。因此，职位和职称的汉英互译就有以下几个问题需要特别注意。

（一）两个或两个以上普遍为人接受的职位或职称翻译

有些职位或职称有两个或两个以上普遍为人接受的英译，如总会计师（General Accountant/Chief Accountant）、总经理（Managing Director/General Manager/Chief Executive Officer）、总顾问（General Counsel/Chief Advisor）、商业代表（commercial representative/trade represent-ative）、主管（supervisor/executive）、总裁（President of a company, Director-General of a political party, Governor of a bank），等。同样，"董事会"有"企董/（企业）董事会"与"校董/（学校）董事会"之分，所以汉语"董事会"有两个不同的英译。

"（企业）董事会"一般英译成 board of directors；而"（学校）董事会"往往翻译成 board of trustees。学校董事会成员被称为"校董"（trustee），而企业董事会成员则叫"商董"（director）。"董事长"也有两种称呼：chairman 和 president。在英国及其他欧洲国家，"董事长"被称作"董事会主席"（chairman），而美式英语则用 president 一词。

（二）约定俗成的职位和职称的翻译

汉英还有一些职位或职称早已约定俗成，文字上不能随意改动。比如，"总经理女秘书"不能随意译成 General Manager's Girl Secretary，而应回译成 Girl Secretary to General Manager。再如，汉语"代理厂长"中"代理"一词的英译不是 agent，而是 acting（代理），如 acting manager of a factory（代理厂长）。请对比观察以下"副"职的英译。

（1）associate 一词一般与表职称的名词搭配，如 associate professor（副教授）。

（2）vice 一般用于称谓职位较高的副职人员，如 vice president（副董事长、副总裁), vice premier（副总理）, vice chancellor（大学副校长）等。vice chancellor（大学副校长）在英国、澳大利亚、新西兰等国家或地区的大学里指的就是正校长,因为 chancellor 是指"名誉校长"。vice 虽常与职位较高的名词连用,但并不意味着 vice 不能与职位较低的名词连用,如 vice-manager（副经理）。

（3）deputy 一般与职位较低的名词搭配,如 deputy director（副厂长、副所长、副主任）, deputy headmistress（副女校长）等。但是,它也可以与职位较高的名词连用,如 deputy minister（副部长）, deputy attorney general（副总检查长）。

（4）assistant 的基本意思是"助理",如 assistant engineer（助理工程师）, assistant research fellow（助理研究员）。但是, assistant manager 不是通常理解的"经理助理",因为经理助理只是经理的一般帮手,可能没有头衔。assistant manager 是"助理经理"或"副经理",因为经理不在时, assistant manager 可以代经理处理日常事务。

（5）sub- 这个前缀一般表示"次"或"子",如 sub-title（子标题）。但是,当它用在表"人"的名词前,就是"副"的意思,如 sub-agent（副代理）, sub-head（副科长）。

上述种种搭配只是习惯,也没有严格的界限,如 vice director/deputy director（副主任、副处长）, associate professor/vice professor（副教授）等。

第二节　跨文化交际下的英汉委婉语翻译

委婉语作为一种常见的修饰手段和交际技巧,在英汉两种语言中都存在。委婉语和禁忌语相辅相成,委婉语的产生来源于语言禁忌,禁忌语又源于人们的文化价值观。由于语言是文化的一部分,语言反映着一个民族独特的文化特征和文化传统,委婉语(或者说禁忌语)也反映了某一民族独特的文化价值观。我们在探讨英汉委婉语构成方式的异同时,也要着重研究英汉委婉语中积淀的特定的民族文化心理,否则就无法扫清跨文化交际中的障碍。

第八章　跨文化交际下的英汉称谓语与委婉语翻译

一、英汉委婉语表达方式的差异

（一）语言结构特点的不同

英汉语言结构。结构规律的不同决定了两种语言各自独特的委婉语表述方式。例如，汉语中的拆字、对联、歇后语；英语中的字母法、缩略法、谐音法等。

拆字法：把"李麻子"称为"李广林"。

对联法：汉语中还有很多用对联形式将要说的话迂回隐藏在对联中，如相传顺治年间，有人曾经在贪生怕死、卖身求荣的洪承畴家门口贴了一副对联，上联是："孝悌忠信礼义廉"，下联是"一二三四五六七"。洪承畴一看顿时气得暴跳如雷，口吐鲜血不省人事。不久便忧郁而死。原来这副对联上联无"耻"字，下联忘（谐音"王"）了写"八"，骂他是无耻的王八，是一种迂回的表达。

歇后语：秋后的蚂蚱还能蹦跳几天？挖耳勺刨地——小抠；黑瞎子上房脊——熊到顶了；司机闹情绪——想不开；和尚打伞——无法（发）无天；药王庙进香——自讨苦吃等。

英语里面也有一些巧妙的表达，如 A BCDEFGHIJ KLMNOP QRSTVWXYZ。这是一个字母表，但是字母 U 落掉了。隐含的意思是："I miss you."

还有利用某些字母和单词的谐音，来婉转、间接地表达不易启齿的话："If I can rearrange the alphabet, I will put U and I together."

英语中还常常用首字母缩略法，如 V. D. 代替 venereal disease（性病）；用 the big C 代替 cancer；B. O. 代替 body odor（狐臭）。MBA 代表虽然已婚，但是依然四处寻欢求爱的人，married but available. 而且因为英语中的脏话都是四个字母的，所以 four-letter word 来代表脏话等。

（二）等级观念的不同

中国人长期以来受儒家思想的影响，讲究"上下有级，尊卑有序"。同样是死亡，《礼记·曲礼下》里说："天子死曰崩，诸侯死曰薨，大夫死曰卒，士曰不禄，庶人曰死。"对于"疾病"的婉称也有阶级性，《何注》云："天子有疾称不豫，诸侯称负兹，大夫称犬马，士称负薪。"

英语中掩饰种族歧视的委婉语很多,如用 colored people(有色人种), African-Americans(非裔美国人)来代替 Negro, black people;用 minorities(少数民族)来代替南美以及亚洲、非洲的移民等,就是淡化种族区别或者消解种族歧视的一种婉称。

二、英汉委婉语翻译的方法

(一)尽量使用对等的委婉语

有的委婉语在英汉两种语言中能够找到非常相似的表达,可做对等翻译。例如:

to go to sleep 长眠
to be no more 没了,不在了
to close one's eyes 合眼,闭眼
to expire 逝世
to lay down one's life 献身
to end one's day 寿终
to go to west 归西
to pay the debt of nature 了结尘缘
a mother-to-be 准妈妈

(二)套用目的语中的委婉语

有的委婉语在英汉两种语言中差异较大。套译目的语中的委婉语或者直接将意思译出则更简便、易于理解。例如:

She's seven months gone.
她已有七个月的喜了。
to wear the apron high 身子重了/有喜了
to be in a delicate condition 子不方便/有孕在身
a lady-in-waiting 待产妇
May I use the toilet?
可不可以用一下洗手间?
I'm going to my private office.
我去办点私事。

第八章　跨文化交际下的英汉称谓语与委婉语翻译

May I please leave the room?
我去去就来。
May I please be excused.
失陪一下。

【内容小结】

中国自古以来就是礼仪之邦，人们在日常生活中十分注意社交礼仪的规约。随着文化全球化的发展，国家与国家之间的交往日益紧密，中国自然也不例外。在与国外人士交往的过程中，不仅需要倡导自身的社交礼仪，而且需要充分了解交往对象所在国家的社交礼仪，如此才能确保交际顺利进行下去。本章主要探讨了跨文化交际下的英汉称谓语与委婉语的翻译，旨在帮助学生对这方面知识有一个充分的了解与把握，进而在以后的工作与生活中可以灵活应用。

【同步练习】

一、翻译下列称谓语
（1）鄙人
（2）阁下
（3）令尊，令兄
（4）家严，家慈
（5）舍亲，舍侄
（6）令郎，令爱
（7）犬子，小女

二、翻译下列英语委婉表达
（1）to go to sleep
（2）to be no more
（3）to close one's eyes
（4）to lay down one's life
（5）to expire
（6）to pass away

（7）to end one's day

（8）to breathe one's last

（9）to go west

（10）to pay the debt of nature

（11）to depart from his life

（12）to go to one's last home

（13）to rest in peace

（14）to go to heaven

（15）to be called to God

【参考答案】

一、翻译下列称谓语

（1）I

（2）you

（3）your father, your brother

（4）my father, my mother

（5）my relatives, my nephew

（6）your son, your daughter

（7）my son, my daughter

二、翻译下列英语委婉表达

（1）长眠

（2）没了，不在了

（3）闭眼，合眼

（4）献身，捐躯

（5）逝世

（6）去世，永别，与世长辞

（7）寿终，谢世

（8）咽气，断气

（9）归西天

（10）了结尘缘

（11）离开人世，撒手人寰

（12）离世
（13）安息
（14）升天,仙逝,进天堂
（15）去见上帝

第九章　跨文化交际下的英汉节日与饮食文化翻译

【本章要点】

中西方民族的节日、服饰、饮食各具特色，中国传统服饰体现出保守的特点，而西方服饰则体现出开放的特点。在饮食方面，中国讲究色香味俱全，注重味蕾的体验；西方饮食文化则比较重视营养的健全。本章重点分析跨文化交际下的英汉节日与饮食文化翻译。

【学习目标】

1. 对英汉节日与饮食文化及其差异有所认知。
2. 掌握英汉常见节日与饮食文化的对应译文。
3. 了解英汉常见节日与饮食文化的翻译方法。

第一节　跨文化交际下的英汉节日文化翻译

一、英汉节日文化差异分析

（一）holiday、festival、vacation 和节假日

holiday、festival 和 vacation 这三个词在表示节日或假日的时候意思有交叉重叠的地方，关于什么时候用哪一个词最合适，很多人并不清

楚。这里我们介绍一下它们的用法和译法。

holiday 和 vacation 在表示"休假""外出度假"和"假期"时意思是一样的,差别在于 holiday 是英国用法,而 vacation 是美国用法。

I'm on holiday/vacation until the 1st of June.

我休假要休到6月1日。

summer holidays/vacation 暑假

Christmas holidays/vacation 圣诞假期

但 holiday 还可以表示"法定节假日",而 vacation 无此含义。

The 1st of May is the national holiday in China.

5月1日是中国的国家法定假日。

如果要表达某一机构里职员享受的带薪假则两词均可用。

Employees are entitled to four weeks' paid vacation annually.

职员每年可以享受四个星期的带薪假。

上面讲的是 holiday 和 vacation 用法的异同,下面再来看一看 holiday 和 festival 的异同。holiday 在表达"节日"时含义比 festival 广泛,既可以指法定节日,又可以指宗教节日,但 festival 不能用于法定节日,通常是指宗教节日或传统节日。

Christmas and Easter are church festivals.

圣诞节和复活节是教会的节日。

Spring Festival 春节

(二) carnival 和"嘉年华"

Carnevale 在英文中被译作 Carnival。如今已没有多少人坚守大斋节之类的清规戒律,但传统的狂欢活动却保留了下来,成为人们的一个重要节日。

carnival（a public event at which people play music, wear special clothes, and dance in the streets）是一种狂欢的节日,即"狂欢节",香港人把它音译成"嘉年华",这个优美的译名传入内地后,很快成为大型公众娱乐盛会的代名词,如 a book carnival（书籍博览会）, a water carnival（水上运动表演会）。但现在 carnival 似乎大有被滥用的趋势,如"太妃糖嘉年华""啤酒嘉年华""花卉嘉年华"等,其实这里"嘉年华"只是"节日"的一个时髦叫法,与原来狂欢的概念已经相差甚远了。

下面是几个世界著名的狂欢节。
Rio Carnival 里约热内卢狂欢节
Carnival of Venice 威尼斯嘉年华
Notting Hill Carnival 诺丁山嘉年华会

（三）和春节有关的词汇

春节（the Spring Festival）是农历（lunar calendar）正月初一，是中国人最隆重的传统节日，春节的历史非常悠久，所以与春节有关的词汇也特别丰富。下面我们介绍一些和风俗习惯及饮食有关的词汇。

food 食品
custom 风俗习惯
过年 celebrate the Spring Festival
春联 Spring Festival couplets
剪纸 paper-cuts
年画 Spring Festival picture
买年货 do Spring Festival shopping
烟花 fireworks
爆竹 firecrackers
舞狮 lion dance
舞龙 dragon dance
杂耍 variety show; vaudeville
灯谜 riddles written on lanterns
灯会 exhibit of lanterns
守岁 stay up for the new year
拜年 pay New Year's call; New Year's visit
祭祖 offer sacrifices to one's ancestors
压岁钱 lunar New Year money gift to children
年糕 niangao; rice cake; lunar New Year cake
饺子 jiaozi
团圆饭 family reunion dinner
年夜饭 the dinner on lunar New Year's Eve
八宝饭 eight treasures rice pudding
元宵 lantern festival dumplings

第九章 跨文化交际下的英汉节日与饮食文化翻译

（四）中西节日文化性质对比

中西方节日性质对比具体如表 9-1 所示。

表 9-1　中西方节日性质对比

中国		西方	
年节	综合	圣诞节	综合
元宵节	单项	狂欢节	单项
人日节	单项	复活节	综合
春龙节	综合	母亲节	单项
清明节	综合	愚人节	单项
端午节	综合	划船节	单项
七夕节	综合	情人节	单项
中元节	单项	万圣节	单项
中秋节	综合	父亲节	单项
冬至节	单项	仲夏节	单项
腊八节	综合	啤酒节	单项
小年节	综合	婴儿节	单项
除夕节	综合	葱头节	单项

（资料来源：刘立吾、黄姝，2014）

二、英汉节日文化翻译的方法

（一）中国重要节日的英译

每个国家都有自己的特别节日，有的是法定节日，有的是习俗节日。在中国，我们通常庆祝的国际节日和法定节日有下列这些：

元旦 Jan.1-New Year's Day

三八妇女节 Mar.8-Women's Day

五一劳动节 May.1-Labor Day

八一建军节 Aug.1-Army Day

教师节 Sep.10-Teachers' Day

国庆节 Oct.1-National Day

在习俗节日中，除了前面提到的春节，比较重要的还有：元宵节、清明节、端午节、中秋节和重阳节。

把这些节日名称翻译成英语时,既要符合原意,又要便于理解。

元宵节: Lantern Festival。

清明节: 有人按照这个节气所指的季节特点而译为 Pure Brightness, 也有人称之为 Tomb Sweeping Day。

端午节: Dragon Boat Festival。

中秋节: 逐字意译为 Mid-Autumn Festival, 有时也译成 Moon Festival。

重阳节: 由于我们把"重阳"称为"重九", 所以习惯上把重阳节译成 the Double Ninth Day。

(二)英美重要节日的汉译

每个国家都有自己的节日,这里我们介绍一些英美国家的重要节日。

Jan.1 – New Year's Day 元旦

Feb.14 – Valentine's Day 情人节

April1 – April Fools' Day 愚人节

April.– Easter 复活节(春分月圆后第一个星期日)

May – Mother's Day 母亲节(5月的第二个星期日)

June – Father's Day 父亲节(6月的第三个星期日)

July.4 – Independence Day 美国独立日

Sept.1 – Labor Day 劳动节(注意与中国的劳动节不同)

Oct.31 – Halloween 万圣节

Nov. – Thanksgiving Day 感恩节(11月最后一个星期四)

Dec.25 – Christmas 圣诞节

Dec.26 – Boxing Day 节礼日(如果该日为星期日,则改为次日)

随着各国文化交流的深入,世界上很多国家都庆祝着相同的节日,我们已经很难说某个节日是属于某个国家了。

在翻译这些节日名称时,我们千万不能望文生义,如 bank holiday 按字面译成"银行假日"就会让很多人百思不得其解,其实它指的就是 public holidays。Valentine's Day 被译成"情人节",由于"情人"这个词在中文中的特殊含义,这种译法让很多人羞于庆祝这个节日。不过随着人们对这个节日真实含义的了解,相信会有越来越多的人接受这个节日,因为这是一个表达爱的节日。还有一个容易引起误解的节日是 Boxing Day,这并非"拳击日",而是送 Christmas box(圣诞礼盒)的日子。

(三)节日祝福的翻译

节日来临的时候,人们总是想起自己的亲人和朋友,希望把最美好的祝愿送给自己所爱的人。下面是一些节日的祝福语,我们可以根据实际情况选择最合适的祝福语。

Merry Christmas and a happy new year.
敬祝圣诞,恭贺新禧。
May the joy of Christmas be with you throughout the year.
愿圣诞佳节的喜悦,伴随您度过新的一年。
May peace, happiness and good fortune be with you always.
祝您年年幸福平安,岁岁满目吉祥。

第二节　跨文化交际下的英汉饮食文化翻译

一、英汉饮食文化差异分析

(一)中国饮食结构及烹饪

中国的饮食文化丰富多彩、博大精深,烹饪技术更是独领风骚,风靡世界。了解中国饮食的结构与烹饪是做好饮食文化翻译的必备条件。

1. 饮食结构

中国的物产丰富,从而造就了中国人民丰富的饮食内容与结构。通常而言,我国用以烹制菜肴的原料主要分为以下六种类别。

(1)蔬菜类。蔬菜类可分为两种,一种是可食用的野菜,一种是人工栽培的各种可食用的青菜。就目前而言,人工栽培的各种可食用的青菜是人们主要的菜肴原材料。蔬菜的种类广泛,既包括白菜、菠菜、韭菜、芹菜等茎叶蔬菜,也包括土豆、甘薯、萝卜、莲藕等块根、块茎类蔬菜,还包括蘑菇、木耳等菌类蔬菜,番茄类和笋类的蔬菜以及葱、蒜等。

(2)瓜果类。瓜果类的品种也很丰富,包括瓜类食品如黄瓜、丝瓜、冬瓜、南瓜、西瓜、甜瓜等；包括能制作干鲜果品的枣、核桃、栗子、莲子、松子、瓜子、椰子、槟榔等；还包括多种果、核、壳类食料，如苹果、葡萄、柑橘、菠萝、香蕉、桃、李、梅、杏、梨、石榴、柿子、荔枝等。

（3）鱼肉类。鱼肉类作为菜食原料是对古代食俗的传承，主要包括家畜中的猪、牛、羊以及家禽中的鸡、鸭、鹅的肉以及大部分内脏；也包括野兽以及野禽的肉（受保护的珍禽野兽除外）；还包括水产中的鱼、虾、蟹等。

（4）蛋乳类。这类食料是指由家禽派生出来的蛋类和乳类，如鸡蛋、鸭蛋、牛奶等。

（5）油脂类。主要是指由家禽和鱼类提供的脂肪以及植物种子榨取得来的可食用油。

（6）调味类。主要是指各种调料，如姜、辣椒、花椒、桂皮、芥末、胡椒、茴香、盐、糖、醋、酱油、味精、鸡精、料酒等。

在中国人的饮食结构中，素食是主要的日常食品，即以五谷（粟、豆、麻、麦、稻）为主食，以蔬菜为辅，再加少许肉类。

除了以素食为主外，中国人还喜欢热食、熟食。在中国人的餐桌上，只有开始的几道小菜是冷食，随后的主菜多是热食、熟食。在中国人看来，热食、熟食要比冷食更有味道。中国人对热食、熟食的偏好与华夏文明开化较早和烹调技术的发达有很大关系。

2. 常用烹饪技术

中国饮食制作精细，烹饪方法多种多样。如果把上述六种食料用不同的方法烹饪，可以做出成千上万种不同风味的菜肴。以下我们主要介绍一些中国饮食的烹饪技术。

（1）精细的刀工

加工食料的第一道工序是用刀，用刀要讲究方法和技巧，也就是刀工。日常的刀工主要有以下几种。切、削——cutting；切片——slicing（鱼片：fish slice/sliced fish）；切丝——shredding（肉丝：shredded meat/pork shred）；切丁——dicing（鸡丁：chicken dice/diced chicken）；切柳——filleting（羊柳：mutton fillet/filleted mutton）；切碎——mincing（肉馅：meat mince/minced meat）；剁末——mashing（土豆泥：mashed potatoes/potato mash）；去皮——skinning/peeling；去骨——boning；刮鳞——scaling；去壳——shelling；刻、雕——carving 等。

第九章　跨文化交际下的英汉节日与饮食文化翻译

（2）各种烹调方法

中国的菜肴烹调方法有50多种，但常用的主要有以下几种。

炒——frying/stir frying。这是最主要的烹调方法，如韭菜炒鸡蛋可译为Fried Eggs with Chopped Garlic Chives。

爆——quick frying。这种方法与煎大致相同，但所放入的油更少，火更大，烹饪时间更短。

煎——pan frying。这种方法就是在锅内放少许的食用油，等油达到一定的温度后将菜料放入锅内煎烹。

炸——deep frying/cooked in boiling oil。这一方法就是在锅内放入更多的油，等到油煮沸后将菜料放入锅中进行煎煮，经过炸煮的食物一般比较香酥松脆，如炸春卷可译为Deep Fried Spring Roll。炸通常可分为以下三种：酥炸（crisp deep-frying）、干炸（dry deep-frying）、软炸（soft deep-frying）。

烧——braising。这也是烹调中式菜肴时最常用的一种方法。所谓烧，也就是在锅内放入少量的食用油，等到油达到一定的温度后，放入菜料和佐料，盖上锅盖进行烹煮。比如，红烧鱼可译为Braised Fish with Brown Sauce。

蒸——steaming。这种方法操作如下：将用配料以及调料调制好的菜料放在碗或碟内，再将其放入锅中或蒸笼中隔水煮。例如，清蒸草鱼可译为Steamed Grass Carp。

煮——boiling。这种方法是指在锅内放入一定量的水、佐料，在文火上烧。例如，煮鸡蛋可译为Boiling an Egg，涮羊肉可译为Instant Boiled Lamb。

炖、煨、焖、煲——simmering/stewing。这种方法操作如下：将菜料放在水或汤中，用文火慢慢加热熬煮。例如，莲藕猪蹄汤可译为Stewed Pig's Trotters with Lotus Root。

白灼——scalding。这种烹调制法的操作如下：将食物放在沸水中烫煮，然后取出来放佐料拌制或用热锅炒制。这种方法通常用于烹制海鲜食品。

烘、烤——grilling/roasting。烤是指将菜料放在火上或火旁烧烤；烘是指将菜料放在铁板架子上或密封的烘炉里烘，食物不与火直接接触。比如，北京烤鸭是Roasted Beijing Duck，而广式铁板烧则是Grilled Dish in Cantonese Style。

熏——smoking。这种烹调制法是指将宰杀的家禽或野味,用调料或香料调制好以后,将其用特殊的树木柴火进行熏烤,经这种方法烹制的菜肴往往风味独特,如五香熏鱼为 Smoked Spiced Fish。

(二)西方饮食结构及烹饪

西方饮食文化精巧科学、自成体系。西方烹饪过程属于技术型,讲究原料配比的精准性以及烹制过程的规范化。比如,人们在制作西餐时对各种原料的配比往往要精确到克,而且很多欧美家庭的厨房都会有量杯、天平等,用以衡量各种原料重量与比例。食物的制作方法的规范化特点体现为原料的配制比例以及烹制的时间控制。比如,肯德基炸鸡的制作过程就是严格按照要求进行的,原料的重量该多少就是多少,炸鸡的时间也要按照规定严格地操控,鸡块放入油锅后,15秒左右往左翻一下,24秒左右再往右翻一下,还要通过掐表来确定油炸的温度和炸鸡的时间。

相比较中国人的饮食原料,西方人的饮食原料极其单一,只是几种简单的果蔬、肉食。西方人崇尚简约,注重实用性,因而他们不会在原料搭配上花费太多的精力与时间。西方人只是简单地将这些原料配制成菜肴,如各种果蔬混合而成的蔬菜沙拉或水果沙拉;肉类原料一般都是大块烹制,如人们在感恩节烹制的火鸡;豆类食物也只经白水煮后直接食用。

相对于中餐而言,西餐文化更讲究营养价值,他们看重的是菜的主料、配料以及烹饪方法。西餐的菜品主要有以下几种。

(1)开胃品。西餐的第一道菜是开胃品,一般分为冷品和热品,味道以咸、酸为主,数量较少,质量较高。常见的开胃品有鱼子酱、奶油制品等。

(2)汤。汤是西餐的第二道菜,大致可以分为四类:清汤、蔬菜汤、奶油汤和冷汤。

(3)副菜。副菜一般是鱼类菜肴,是西餐的第三道菜。水产类菜肴与面包类、蛋类菜肴等都可以作为副菜。鱼肉类菜肴之所以放在肉、禽类菜肴的前面作为副菜,其主要原因在于这类菜肴比较容易消化。西方人吃鱼往往使用专用的调味汁,如白奶油汁、荷兰汁、美国汁、酒店汁等。

第九章 跨文化交际下的英汉节日与饮食文化翻译

（4）主菜。主菜通常是肉、禽类菜肴，是西餐的第四道菜。肉类菜肴主要取自牛、羊、猪等，牛排或者牛肉在西餐中最具代表性。肉类菜肴的主要调味汁有蘑菇汁、奶油汁、浓烧汁精、西班牙汁等。禽类菜肴主要取自鸡、鸭、鹅等，烹制方法有烤、焖、蒸、煮，通常用咖喱汁、奶油汁、黄肉汁等作为主要的调味汁。

（5）蔬菜类菜肴。在肉类菜肴之后是蔬菜类菜肴，有时可以作为配菜和肉类一起上桌。西餐中的蔬菜类菜肴以生蔬菜沙拉为主，如用生菜、黄瓜、西红柿等制作的沙拉。

（6）甜点。西方人习惯在主菜之后食用一些小甜点，俗称饭后甜点。实际上，主菜后的食物都可以称为饭后甜点，如冰激凌、布丁、奶酪、水果、煎饼等。

（7）咖啡、茶。咖啡或茶是西餐的最后一道菜。西方人咖啡通常会加糖和淡奶油，喝茶一般加糖或者香桃片。

虽然中西饮食文化存在着差异，但是随着中西文化交流的进一步加深，中西饮食文化也逐渐相互融合。现在的中餐已经开始注重食物的营养性、搭配的合理性以及烹饪的科学性；西餐也开始向中餐的色、香、味、意、形的境界发展。

二、英汉饮食文化的翻译方法

（一）西方饮食文化翻译

关于西式菜名的翻译问题，人们有着不同的看法，有人认为应该采用归化法，即用中国类似的菜肴名称代替西式菜肴的名称，如将 spaghetti 译为"盖浇面"，将 sandwich 译为"肉夹馍"。然而，人们普遍认为这样的译名不妥，虽然两种食物在外形上有些许类似，但是就制作材料和味道方面却千差万别，因此这样的译名有失准确原则，可能造成人们对该食品理解上的错误。而且这样的中式译名虽然看似地道，实则抹杀了原菜名所蕴含的西式韵味。鉴于此，大部分西式菜可采用直译、意译相结合的方法。例如：

India chicken curry 印度咖喱鸡
grilled chicken 香煎鸡扒
apple pie 苹果派
vanilla pudding 香草布丁

shrimp toast 鲜虾吐司
vegetable curry 什菜咖喱
ham sandwich 火腿三明治
potato salad 土豆沙拉
Alvin salad 阿利文沙律
mango mousse 芒果慕斯

(二)中国饮食文化翻译

1. 菜名的翻译策略

就菜名而论,中国菜的命名大致可分为三类:以刀法、烹饪法为主命名,以主料、配料和味道命名,极具中国特色的小吃及以寓意或典故命名。以下分类论述其特点及可采取的翻译策略。

(1)以刀法和原料为主命名

常见的刀法有:切丝(shred)、切片(slice)、切丁(dice)、切柳(fillet)、切末(mince)、捣烂(mash)。这一类菜名可直接翻译,一般采用"刀法+主料+介词+配料"的结构。

中国菜肴的烹饪法成百上千种,主要有:煮(boil)、炖(stew)、蒸(steam)、烧(braise)、炒(fry)、炸(deep fry)、煎(pan-fry)、烤(roast)、烘(bake)、白灼(scalded)、熏(smoke)、涮(instant-boiled)、扒(fry and simmer, grilled)等,其中炒又可分为清炒(sauté)、爆炒(quick fry)、煸炒(stir fry)等。烹饪中火力的大小和时间的把握称为火候。主要有文火(gentle heat)、武火(high heat)、中火(moderate temperature)。[①]

在翻译这一类菜名时应将其中的实际信息在译文中表达出来,一般可采用"烹饪+主料+介词+配料"的结构进行直译。例如:

蚝油煎鸡脯 sautéed chicken with oyster sauce
杏仁炒虾仁 fried shrimps with almonds
香菇蒸鸡 steamed chicken with mushrooms
香熏鱼 smoked spicy fish
白灼基围虾 scalded shrimps

---

① 王述文.综合汉英翻译教程[M].北京:国防工业出版社,2010:179.

第九章 跨文化交际下的英汉节日与饮食文化翻译

（2）以刀法和烹饪法结合命名

许多中国菜肴的形在很大程度上取决于原料的制备、切配等加工过程。例如，刮鳞（scaling）、去菜皮（peeling）、去肉皮（skinning）、剔骨（boning）、脱壳（shelling）、捣碎（mashing）、泡制（pickling）、酒酿（liquor soaking）、腌泡（marinating）装馅（stuffing）、盐腌（salt-soaking）等。翻译时可用其过去分词加上原料，如皮蛋（preserved egg）、虾仁（shelled shrimp）、泡菜（pickled vegetable）、土豆泥（mashed potato）、酿黄瓜（stuffed cucumber）等。这类菜名在翻译时常采用直译法，其结构是"烹饪+刀法+主料+介词+配料"，或"烹饪法+主料+形状+配料"。

味是中国菜的灵魂，是烹饪成败的关键。常有五味：甜、酸、苦、辣、咸。但其中又可调出诸如五香（spiced）、糖醋（sweet and sour）、麻辣（pungent and spicy）、鱼香（fish-flavor）、怪味（multi-flavor）等多种复合味，运用的味汁有豆豉汁（black-bean sauce）、鱼香汁（garlic sauce）、京酱汁（sweet-bean sauce）、红烧汁（brown sauce）、糖醋汁（sweet and sour sauce）、酱油汁（soy sauce）、醋溜汁（vinegar sauce）、蚝油汁（oyster sauce）、白扒汁（white sauce）、干烧汁（chili sauce）、豆瓣汁（chili bean sauce）、西红柿汁（tomato sauce）、糟溜汁（in rice wine）、蜜汁（honey sauce）等。

这类菜名的翻译也可用"主料+介词+配料"的结构进行直译。[1] 例如：

糖醋排骨 sweet and sour spare ribs

蚝油菜心 green cabbage in oyster sauce

黄酒脆皮虾仁 crisp shrimp with rice wine sauce

（3）带有寓意或根据典故、人名等加以命名

美食配美名是中国饮食文化的特色之一。中国菜名中最难译的就是这类形象化菜名。

2. 烹调前准备工作的翻译

在描述过程之前，我们需要先了解以下方法的英译中，在准备用料的时候，我们经常会碰到要剔骨剥壳，去皮除鳞，它们的英译分别为：剔

---

[1] 陈建平. 应用翻译研究 [M]. 苏州：苏州大学出版社，2013：56.

骨(boning)、剥壳(shelling)、去皮(skinning)、除鳞(scaling)。比如，虾仁就是shelled shrimp。另外，有的原料需要水发，有的需要腌制，如水发木耳可以译成soaked Jew's ear,咸菜可以译成pickled vegetable,腌猪肉可以译成corned pork,抹盐可以译成rub over with salt,而抹淀粉或鸡蛋则说coat sth. with cornstarch/egg batter。

　　此外，还有各种刀工，如我们经常说切块、切片、切丝、切柳、切丁、切碎、捣烂、拍松、塞入等，怎么用英语表达呢？切块可以说cube,切片可以说slice,切丝可以说shred,切柳可以说fillet,切丁可以说dice,切碎可以说mince,捣烂可以说mash,拍松可以说pat loose,"塞入"可以说stuff sth. with。①

　　豆腐切块就可以说cube the bean curd,鱼片可以说sliced fish或者fish slices,鸡丝可以说shredded chicken或者chicken shreds,火腿丁译成diced ham或者ham dices,牛柳译成filleted beef或者beef fillets,"虾糜"可以译成minced shrimp或者shrimp mince,蒜泥译成mashed garlic或者garlic mash,"把鸡腿拍松"就可以译成pat loose the drumsticks,"往鲫鱼里塞肉"就可以译成stuff the crucian with meat。②

　　从遍布世界各地的中餐馆我们不难看出"色香味"俱全的中华美食确实有着所向披靡的魅力，但是这些诱人的菜肴在上桌之前必须在厨房经过很多道水火的考验。以"滑炒鳝丝"（Sautéed Eel Shreds）为例，用英语解释一下它的烹饪过程。

　　烹饪程序：
　　第一步，用八成热的油把鳝丝炸一下。
　　第二步，锅里留少量油，用葱和姜炒香，加糖、盐、酱油，把鳝丝倒入锅里，加酒，翻炒几下，然后盛在一个盘子里。
　　Cooking procedure：
　　Step one：Deep-fry the eel shreds in 80% hot oil.
　　Step two：Flavor oil with scallion and ginger, add sugar, salt, soy sauce, drop in eel shreds, add wine, stir-fry, place in a plate.
　　为了了解更多的程序，我们必须知道下列常见烹调技法的英译。
　　煮 boil（煮水波蛋 poach an egg）

---

① 刘黛琳，牛剑，王催春．实用阶梯英语跨文化交际（第2版）[M]．大连：大连理工大学出版社，2010：231．
② 冯庆华．翻译365[M]．北京：人民教育出版社，2006：166．

涮 scald in boiling water; instant-boil
炒 stir-fry（炒蛋 scrambled egg）
水煮 boil with water
煎 pan-fry
爆 quick-fry
炸 deep-fry
干炸 dry deep-fry
软炸 soft deep-fry
酥炸 crisp deep-fry
扒 fry and simmer
嫩炒 sauté
铁烤 broil; grill
烧烤 roast; barbecue
烘烤 bake; toast
浇油烤 baste
煲 stew（in water）; decoct
炖 stew（out of water）
卤 stew in gravy
煨 simmer; stew
熏 smoke
烧 braise
焖 simmer; braise
红烧 braise with soy sauce
蒸 steam
焯 scald
白灼 scald; blanch
勾芡 thicken with cornstarch

3. 餐桌上菜名的翻译

菜名翻译的时候应该尽量保留原文的美感，而不是仅仅翻译菜的原料和做法；当然，这个标准是灵活的，视具体情况而定。最简单的是"原料＋做法"的菜名，可以采取直译的方法。例如，"北京烤鸭"可以译成

Beijing Roast Duck,"清蒸黄鱼"可以译成 Steamed Yellow Croaker。[①]

如果菜名是部分描摹菜的形色,部分点明原料的,可以把描摹部分翻译出来,更加形象。比如,"葡萄鱼"和"金银鸭片"。"葡萄鱼"是烧好之后状如葡萄的鱼,所以可以译成 Grape-shaped Fish;而"金银鸭片"是指颜色金黄雪白交错,所以可以译成 Golden and Silver Duck Slices。

相传神农尝百草,发现茶叶能解百毒而把茶叶奉为天赐神药,可见中国人与茶有着非常深厚的渊源。唐时陆羽著《茶经》,对茶树的形状、茶叶产地、制茶工序等记叙详尽,被后人尊为茶神。后来茶叶随丝绸之路和几次航海经历传到世界各地,形成了各种不同风格的饮茶方式。

中国的茶叶根据发酵程度不同可分为绿茶、黄茶、白茶、青茶、红茶和黑茶六大类。我们可以把绿茶译成 green tea,黄茶译成 yellow tea,白茶译成 white tea,青茶(乌龙茶)译成 oolong tea,红茶译成 black tea,黑茶译成 dark tea(为了有别于 black tea)。根据外观可以分为砖茶、茶末和叶茶。砖茶可以译成 compressed tea,茶末可以译成 broken tea,而叶茶则习惯译成 leaf tea。根据饮用方法不同又可以分为工夫茶、盖碗茶等。工夫茶可以音译成 Gongfu styled tea 或者意译成 time-taking tea。盖碗茶也可以音译为 Gaiwan tea 或者意译为 Lidded bowl tea。

三炮台是兰州一种很有特色的盖碗茶,之所以称为"三炮台"就是因为这茶可以冲三次水,头一遍是茶香,第二遍是糖甜,第三遍就是桂圆、大枣等的清香,因此可以译成 thrice brewed tea。

此外,还有各种果茶和花茶,以及与其他调料混制的茶。如何用英语来表示这些茶呢?比如,果茶我们可以译为 fruit flavored tea,芒果茶可以译为 mango flavored tea;花茶可以译为 scented tea,玫瑰花茶可以译为 rose scented tea;奶茶译成 milk tea。

英语里面也有各种茶,如加了草药的 herbal tea 或者 Tisane(法语),把不同产地不同品种的茶混在一起制作的 tea blends,以及 organic tea 和 decaffeinated tea。如果把它们译成中文,herbal tea 或 Tisane 可以译成"凉茶",tea blends 可以译成"混制茶",organic tea 译成"有机茶",decaffeinated tea 译成"低咖啡因茶"。

[①] 刘黛琳,牛剑,王催春.实用阶梯英语跨文化交际(第 2 版)[M].大连:大连理工大学出版社,2010:232.

第九章　跨文化交际下的英汉节日与饮食文化翻译

中国的食品中,粽子是最有民族特色的。从制作原料到制作方式以及其食用节日的特殊含义,粽子都有着非常丰富的文化内涵。我们先来看词典对"粽子"的解释。某词典的英语翻译是这样的: pyramid-shaped dumpling made of glutinous rice wrapped in bamboo or reed leaves eaten during the Dragon Boat Festival。我们日常生活会话与文学作品中的粽子如果这么去翻译的话,未免太复杂了。吴光华主编的《汉英大辞典》对"粽子"的翻译要简单得多: zongzi; traditional Chinese rice-pudding。

一时,上汤后,又接献元宵来。

（《红楼梦》第五十四回）

Presently soup was served, followed by New-Year dumplings.

（杨宪益、戴乃迭 译）

Presently soup was served and, shortly after, it the First Moon dumplings of sweetened rice-flour.

（霍克斯 译）

从上面这个例子来看,"元宵"二字没有出现在人物对话中,因此这个例子不属于对话体,表达"元宵"这个概念没必要用最精简的语言形式。杨译的 New-Year dumplings 应该说不会使读者产生误解,但是不够精确。霍译的 it the First Moon dumplings of sweetened rice-flour 就比较明确,作为小说描述体,这样比较详细的翻译是合适的。

4. 中国菜名的转译

在与外国朋友交谈的时候,我们喜欢在介绍物品通用的名称之余,不失时机地解释那些名字在中文里的含义以及它们体现出来的文化特征。我们经常看到外国朋友脸上惊异的表情,听到他们由衷的赞叹:"You Chinese people are really romantic and poetic." 其实,中国人的这种浪漫与诗意体现在生活的各个方面,即使是平常如一日三餐也可管中窥豹。比如,我们喜欢在命名菜肴的时候用数字,可是在翻译菜名的时候我们可不能小看了它们,以为只要把它们译成相应的数字就完了,还是要具体情况具体分析。①

菜名里如果包含二、三、四、六这几个数字的往往为实指,可以根据字面意思直译,如"珠玉二宝粥"可以直译成 Pearl and Jade Two Treasures Porridge。其实,这个"珠"指薏米,也就是 the seed of Job'stears,而"玉"指山药,即 Chinese yam,薏米和山药经过水煮,莹白透亮,形色如珍珠、白玉,故名"珠玉二宝粥";也可以直接翻译所用材料,让外国朋友一目了然:The Seed of Job's Tears and Chinese Yam Porridge。菜谱上以译成前者为宜,可以引发联想,唤起食欲,但是为了避免外国朋友如坠云里雾里,我们可以在括号里注明原料。又如,"红油三丝"可译为 Three Shreds in Spicy oil,然后在括号里注明是哪三丝;"四喜鱼卷"可译为 Four Happiness Fish Rolls,因为每组鱼卷中四个不同颜色的小卷分别代表古人说的人生四喜,即"久旱逢甘露,他乡遇故知,洞房花烛夜,金榜题名时";而"六素鸡腿"则可以译成 Drumsticks Cooked with Six Vegetables;"三鲜汤"可以译成 Three Delicacies Soup。

然而,碰到下面这种情况又当别论,如"二冬烧扁豆"。"二冬"分别指冬笋和冬菇,我们总不能译成 Cooked Haricot with Two Winters 吧。这里还是点明"二冬"的含义为佳,建议译为 Cooked Haricot with Winter Bamboo Shoots and Dried Mushrooms。又如,"双耳汤"应该译成 Soup of Jew's Ear and Tremella,如果直译成 Two Ears Soup 反而费解。

饮食文化中的虚指数字处理中华饮食博大精深、源远流长,于不经意间折射出来的文化精粹如散落在山间溪流的碎钻,闪耀着迷人的光华。中国文化恰似一张太极图,其精粹便在于虚实结合,而且往往虚的部分比实的部分更传神,因为它留给观众更多的想象空间。例如,菜名中的虚指数字,它并不意味着那个数字确切表示的数量,而是一个约数,或文化名词的一部分。

中国文化中经常用虚指数字,一般用三、五、八、九、十来表示多或程度高,如"三番五次""八辈子""九牛一毛""十全十美"。因此,"五香"并不一定指五种香味,"八宝"并不一定就是八种原料。翻译的时候可以采取灵活译法,不必拘泥于字面数字。"五香牛肉"可以译成 Spiced Beef;"八宝粥"可以译成 Mixed Congee Porridge;"九转大肠"

---

① 冯庆华.翻译365[M].北京:人民教育出版社,2006:199.

可以译成 Braised Intestines in Brown Sauce；"十全大补汤"可以译成 Nutritious Soup with Mixed Herbs。

如果数字为文化名词的一部分，则翻译时以传达文化含义为主。例如，鲁菜中的"一品锅"，闽菜中的"七星丸"等。据说秦始皇统一六国之后，生活日渐奢靡，对为他准备的食物经常挑三拣四，他的厨师们为此惶惶不可终日。一日他点名要吃鱼，厨师在准备的时候误把鱼肉切下来一块，无计可施，只好把鱼剁碎，和上各种调料，放入锅内。没想到秦始皇尝过之后龙颜大悦，拍案叫好。这道菜烧好之后汤清如镜，汤面上浮着的鱼丸如满天星斗，于是就用天上极具代表性的星座北斗七星来命名，因此这个汤就被称为"七星丸"而传承至今。因此，翻译时也用意译为好，可以译为 Starry Night Fish Ball Soup。

【内容小结】

中西方在长期的发展过程中形成了不同的节日、饮食文化，二者之间的差异是鲜明的。在翻译过程中，学生需要对中西方节日、饮食文化及其差异有充分的认知，进而在此基础上展开翻译实践。通过本章的学习，学生可以掌握中西方常见节日、饮食的对应译文，并熟悉一些常见的节日、饮食文化的翻译方法。

【同步练习】

一、翻译下列节日词汇
（1）民俗节
（2）清明
（3）中元节
（4）中秋节
（5）重阳节
（6）春节
（7）月饼
（8）冬至节
（9）祭祖

（10）开庙会

（11）腊八节

（12）"年夜饭"

（13）贺岁迎新

二、翻译下列饮食词汇

（1）烤乳猪

（2）鱼肚汤

（3）冬瓜炖燕窝

（4）生猛海鲜

（5）海味

（6）市井美食

（7）甜食点心

（8）云吞面

（9）及第粥

（10）艇仔粥

（11）炒田螺

（12）炒河粉

（13）煲仔饭

（14）生滚粥

（15）米粉

（16）粉皮

（17）粉丝

（18）猪肠粉

（19）春卷

（20）蛋卷

（21）葱饼卷

（22）花卷

（23）糯米鸡

（24）粽子

（25）龟苓膏

（26）伏苓膏

（27）凉粉

（28）马蹄糕

第九章　跨文化交际下的英汉节日与饮食文化翻译

（29）老公饼
（30）老婆饼
（31）烧饼
（32）米糕
（33）莲蓉糕
（34）钵仔糕
（35）萨其马
（36）香芋糕
（37）萝卜糕
（38）洋芋粑
（39）南瓜饼
（40）红薯饼
（41）薯蓉鸡卷
（42）双皮奶
（43）姜撞奶
（44）虾饺
（45）东莞米粉
（46）虎门膏蟹
（47）万江干豆腐
（48）厚街腊肠
（49）满汉全席
（50）（广式）烧鹅
（51）白云猪手
（52）蒜香糯米鸡
（53）（清远）鹅㔎煲
（54）猪杂煲
（55）盐鸡
（56）椰子盅
（57）什锦冷盘
（58）田鸡美食
（59）烧乳鸽
（60）蜜汁串烧鳗鱼
（61）藕片

· 167 ·

（62）香芋

（63）柚子

（64）腌蛋

（65）黄鳝干

【参考答案】

一、翻译下列节日词汇

（1）folk festivals

（2）Pure Brightness/Qingming Festival

（3）Ghost Day

（4）Mid-Autumn Festival

（5）Double Ninth Festival

（6）Spring Festival

（7）moon cake

（8）Winter Solstice

（9）ancestor worship

（10）temple fair

（11）Winter Festival

（12）family reunion dinner

（13）temple fair

二、翻译下列饮食词汇

（1）roast suckling pig

（2）fish maw soup

（3）stewed bird's nest with white gourd

（4）fresh seafood

（5）seafood of all sorts

（6）home dishes/delicacies

（7）dim sum

（8）yuntun noodles

（9）giblets congee

（10）sampan congec

(11) fried snails

(12) fried Shahe rice noodles

(13) pot rice

(14) congee

(15) rice noodles

(16) bean sheet jelly

(17) bean vermicelli

(18) zhuchang rice noodles; rice rolls

(19) spring rolls

(20) egg rolls

(21) pancake rolls

(22) steamed buns

(23) nuomi cake (rice pudding)

(24) zongzi

(25) guilinggao jelly

(26) fulinggao jelly; poria coccus jelly

(27) wild fruit jelly/grass jelly

(28) water chestnut jelly

(29) laogong cake

(30) laopo cake

(31) scone

(32) sponge rice cake

(33) lotus bean paste

(34) pot cake

(35) Manchu candied fritter

(36) dasheen cake

(37) radish cake

(38) mashed-potato cake

(39) pumpkin cake

(40) yam cake

(41) yam paste with chicken

(42) double-layer mile custard

(43) jiangzhuang (ginger) milk

(44) shrimp jaozi

(45) Dongguan rice noodles

(46) Humen roe-crabs

(47) Wanjiang dried tofu slices

(48) Houjie smoked sausages

(49) Full Set of Manchu & Han Dishes

(50) roast goose (geese) in Cantonese style; Cantonese roast goose

(51) Baiyun pig trotters

(52) chicken with smashed garlic & glutinous rice

(53) goose a la Duchesse

(54) chopsuey a la Duchesse

(55) salt-baked chicken

(56) coconut dish

(57) assorted cold dish

(58) frog dish

(59) roast pigeon

(60) stewed eel with honey

(61) lotus root slices

(62) taro

(63) pomelo

(64) one-thousand-year egg

(65) dried mud/river eel

第十章　跨文化交际下的英汉服饰与建筑文化翻译

【本章要点】

每个民族都有自己的语言和文化。服饰近似一种语言,它能反映出一个人的文化修养、审美情趣,也能表现出一个人对自己、对他人以至于对生活的态度;服饰又是一种文化,它反映出一个民族的文化素养、精神面貌和物质文明发展的程度。不同国家拥有自己特有的服饰,体现出不同的社会文化特性。另外,建筑文化的内涵也是丰富的,英汉建筑文化存在明显的差异。本章主要研究跨文化交际下的英汉服饰与建筑文化的翻译。

【学习目标】

1. 学习英汉服饰、建筑文化的内涵与差异。
2. 掌握常见英汉服饰、建筑文化词汇的准确译法。
3. 掌握英汉服饰、建筑文化的翻译方法。

第一节　跨文化交际下的英汉服饰文化翻译

一、英汉服饰文化差异分析

（一）服饰材料的差异

中国的丝绸世界闻名，这在中国古代就已经是一件家喻户晓的事情。因此，中国的服饰材料很多都是使用丝绸制作而成的。另外，中国的服饰材料还可以使用棉、麻等。简言之，中国服饰的选材是十分丰富的。西方社会在服饰选材上倾向于使用亚麻布，其原因在于西方很多国家都盛产亚麻，这种材料十分普及，人们倾向于使用这种材料制作衣服。

（二）服饰图案的差异

中西方民族都拥有悠久的历史，在不同的历史时期，人们所穿服饰上的图案是不同的。在西方社会，文艺复兴之前，人们往往使用花草图案作为衣服的图案，但随着历史的发展，人们对服饰上的图案又有了新的认知与改变。

同样，在中国古代，人们都喜欢在绸缎上绣上丰富的图案，如喜鹊登梅、鹤鹿同春、凤穿牡丹，用这些图案来表达一种对生活的美好向往。

二、英汉服饰文化的翻译方法

服饰不仅是一种物质文明，而且是一个民族的精神面貌、审美情趣以及文化素养的综合体现。经过历史的沉淀，中西方服饰文化形成了各自的风格与特质。

（一）直译法

直译法是将服饰名进行直接翻译。例如：
官服 official uniform
按品大妆 dress up according to their rank

第十章　跨文化交际下的英汉服饰与建筑文化翻译

朝服 court robe

长裙短袄 long skirts and bodices

如果服饰的意义和其中蕴含的意象在中西文化中具有相同或相近的含义，直译无疑是最直接而简要的翻译方法。如果因为文化背景的差异，译文在英语文化中容易引起读者的反感，则应避免用直译。如"船"牌床单，直译为 Junk 并不妥，因为 Junk 除了有"帆船"之义，还具有"废品""假冒货"等词义。

（二）释义法

汉民族中有许多独特的民族服饰，我们无法在英语中找到对应的词汇进行翻译，即在翻译中出现了"词汇空缺"。翻译时我们多采用释义法进行表达。比如，中国是丝绸之乡，古代纺织业非常发达，由此也产生了许多丝绸的同义词。丝绸在中国家喻户晓，而在英语中除了"缎"有对应的词 satin，其余的都无法找到对等的词汇。例如：

绡（生丝）raw silk

缟（一种白色的绢）a thin white silk used in ancient China

罗（质地稀疏的丝织品）a kind of silk gauze

绫（像缎但比缎薄的丝绸）a silk fabric resembling satin but thinner

绢（质地薄而坚韧的丝织品）thin, tough silk

缎（质地较厚，一面光滑有光泽的丝织品）satin

（刘宓庆《翻译基础》）

（三）意译法

许多服饰的描写，其目的并不是要告诉读者这些人物的穿戴，其主要目的是要体现人物的特征和地位。服饰在某种意义上是一种借代，用特定的穿戴来传达人物的身份，描写人物的性格等特征。这一类服饰大多可采用意译法。以下以《红楼梦》中的一些服饰英译为例加以说明。例如：

貂蝉满座

（曹雪芹《红楼梦》）

...in starched official hats trimmed with sable waiting their turn...

（霍克斯 译）

"貂蝉"是装饰着"貂尾"和"蝉"的"貂蝉冠",代表官爵高的人。
《红楼梦》中其他服饰意译的还有:

褂(在棉袄和裙子外穿的一种无袖、束身、V领、长至膝盖下方的宽大长外衣。)

　　Chinese-style unlined garment, gown
　　大红羽缎对襟褂子

（曹雪芹《红楼梦》）

　　a crimson camlet cloak which buttoned in front

（杨宪益、戴乃迭 译）

　　a greatcoat of red camlet over her dress

（霍克斯 译）

　　玫瑰紫色二色金银鼠比肩褂

（曹雪芹《红楼梦》）

　　a rose red sleeveless jacket lined with brown-and-snow weasel fur

现代品牌服装同样承载着品牌的文化内涵,意译也是其中常用的方法之一。例如:

"七匹狼" 7-wolves

原商标英译 Sept wolves 是一败笔。虽然 Sept 在英语中是表示"7"的构词前缀,但它又有"腐败,脓毒"的意思,因此译名"语义超载"。根据西方文化给我们的启示,7-wolves 几近契合了西方理念。

（四）套译法

茄色哆罗呢狐皮袄子 purple velvet gown lined with fox-fur
雀金呢 golden peacock felt
（宝玉）头上戴着束发紫金冠,齐眉勒着二龙抢珠金抹额
　　a golden coronet studded with jewels and a golden chaplet in the form of two dragons fighting for a pearl

第十章　跨文化交际下的英汉服饰与建筑文化翻译

（五）音译法

对于词汇空缺问题，音译是其中常用的翻译方法。1982 年 8 月，国际标准化组织决定以汉语罗马字母拼写法作为国际标准。但有些名人和专用名的英译名，因为一直沿用威氏拼法进行英译，并已基本固定，不宜进行更改，以免引起译名混乱。例如：

中山装 Zhongshan suit/Sun Yat-sen uniform
旗袍 Chi-pao
唐装 Tang Wear
李宁（品牌名）Lining
楚阁（品牌名）TrueGirl

音译汉语服饰，应注意译名是否与英语中某一词语拼写相同或形似，是否因此而引起歧义或令人不愉快的联想。例如：

西子（品牌名）Shitze
芳芳（品牌名）Fang Fang

Shitze 与英语中的 Shits 谐音，而 Fang 在英语中是"毒牙"的意思。这时译者应改用其他翻译方法。

（六）译文比较与翻译

因嫌纱帽小，致使锁枷扛。

译文 1：Resentment at a low official rank
May lead to fetters and a felon's shame.

译文 2：The Judge whose hat is too small for his head wears, in the end, a convict's cangue instead.

"纱帽"指乌纱帽，象征做官。译文 2 照字面意义，没有加注进行解释，读者难以理解。译文 1 采用意译，比较准确地传达了原文的意义。

将道人肩上的褡裢抢了过来背着……

译文 1：He transferred the sack from the Taoist's shoulder to his own...

译文 2：But Shi-yin merely snatched the satchel that hung from the other's shoulder and slung it from his own...

古人所谓的"褡裢"，是一种中间开口而两端装东西的口袋，大的可以搭在肩上，小的可以挂在腰带上，所以，它既不同于英语的 sack，也不同于 satchel。可见，文化词语的翻译并不容易，尤其是这类汉民族特有的词汇,翻译时也可适当运用音译加注法。

乌纱猩袍的官府

(曹雪芹《红楼梦》)

译文1: an official in a black gauze cap and red robe
译文2: the mandarin in his black hat and scarlet robe of office

对中国古代"乌纱"帽的英译着实不易。两种译文都采用了意译法,但无论是 cap 还是 hat,都无法确切地传达出乌纱帽的情状。中国古代官袍的颜色各有讲究。同样是红色的官袍,色彩深浅不同,其代表的官职大小就不同。scarlet 比较接近"猩红"的色彩,red 在表达上稍嫌宽泛。但 scarlet 在英语中与 red 一样都不容易被人接纳,在英语民族的人们看来,二者都带有血腥味。

第二节　跨文化交际下的英汉建筑文化翻译

一、英汉建筑文化的差异分析

(一)价值取向对比

1. 中国建筑推崇宫室本位

在中国古代社会,人们对大自然产生的是一种敬畏之情,这种精神尤其体现在畏天方面。为了表示对大自然的敬畏,人们特别喜欢筑坛植树。后来,在这一传统思想的影响下,人们修建了很多寺庙、道观等建筑,体现了中国宫殿建筑的一种精神。中国建筑的主流思想就是宫室本位,为了体现皇权的至高无上性,古代皇帝为百姓灌输奉天承运的顺从思想,天子享受着无上的尊严,对臣子具有生杀予夺的权力,并且对世界上的万事万物都要负责。

2. 西方建筑推崇宗室本位

在西方社会中,由于人们的宗教观念十分深入人心,因而在建筑层面主要体现的是宗室为本位的思想。教堂是神圣不可侵犯的,是人们精

第十章　跨文化交际下的英汉服饰与建筑文化翻译

神的一种代表。西方社会中很多的哥特式教堂体现出灵动、奔放的特点,利用空间推移、直接的线条以及色彩斑斓的光线,为人们营造了一种"非人间"的境界,让人产生一种神秘之感。

(二)形态层次对比

1. 中国讲究对称、注重秀丽

中国社会历来追求和谐的生态理念,这种理念在建筑上的体现就是对称之美。人们在建筑中往往使用中轴线的设计思路,从而让建筑体现出一种对称的恢宏之美。在中轴线两边,人们会建造一些次要的建筑,形成一种对称的局面。从深层次上而言,中国的这种建筑审美风格体现了中国的政治文化、君臣文化,是中国古代中庸、和谐、保守思想的一种体现。在一定的空间范围内,中国建筑会将某一个建筑作为中心,运用一定的对称思路向两边拓展,进而对这些建筑的功能进行定位,最终形成一种完整的建筑体系。

2. 西方讲究形式、注重几何

在西方国家,建筑的精神主要体现在灵活多样、追求形式美方面。西方人注重建筑的外在美,建筑师喜欢使用几何图形,突出建筑的壮观与大气。虽然历史上不同阶段的建筑特色不同,但每个阶段都有每个阶段的特点。人们可以明确区分哥特式建筑、巴洛克式建筑。由此可知,西方建筑文化的特点是理性的,并且在一定程度上体现了数理文化的内容。

二、英汉建筑文化的翻译方法

(一)西方建筑文化翻译

由于西方建筑文化中的很多常用语在汉语中都有对应的表述,因此在对这些内容进行翻译时可采取直译法。例如:

anchorage block 锚锭块
bearing 承载力
cure 养护
masonry 砌体
pier 桥墩

reinforced concrete 钢筋混凝土
glass 玻璃
common brick 普通砖
cellar 地下室
corner 墙角
door 门
floor 楼层
pillar 柱 / 柱脚
tile 瓦
window 窗户
garden 花园
abutment 桥台
architecture 建筑
mortar 砂浆
sandwich panel 复合夹心板
clinkery brick 缸砖
facing brick 铺面转
chimney 烟囱
curtain 窗帘
fireplace 壁炉
log 圆木
grass 草地
wall 墙
roof 屋顶
stair 楼梯

(二) 中国建筑文化翻译

1. 砖是砖，瓦是瓦

许多人学英语，总认为英语单词是和汉语字词相对应的，而且是一一对应关系。比如，"天"就是 sky，"地"就是 earth，然而，并不是两种语言对事物的指称都像"天""地"这样完全吻合。

同汉语"砖""瓦"有别一样，英语也相应地各有 bricks 和 tiles 两

第十章　跨文化交际下的英汉服饰与建筑文化翻译

个词分别指砖、瓦。然而,事情并没有这么简单,也有英语中称作 tiles 而汉语却不称"瓦"而照样称"砖"的。比如,《汉英词典》告诉我们:"瓷砖"是 ceramic tile 或 glazed tile,"琉璃瓦"是 glazed tile。"瓷砖"的英语确属 tiles 而不属 bricks;"琉璃瓦"之为 tiles 之属而非 bricks 之类,也是语言事实。至于 glazed tile 也的确兼指"瓷砖"或"琉璃瓦"。

由此可见,英语的 brick 并不是对应汉语中的"砖",brick 一般指的是黏土块烘烧而成的"砖",如 a house made of red bricks(红砖砌成的房子);其他的"砖",如"瓷砖""地砖""贴砖"等都属于 tile,如 tile floor(砖地)等。至于汉语的"瓦"基本上都是 tile,如 acoustical tile(隔音瓦), asbestic tile(石棉瓦)。tile 既是"瓦",又是某些"砖"。例如:

We use tiles to cover roofs and sometimes floors and walls.

我们用瓦片盖房顶,有时也用瓷砖铺地面和墙面。

2. 拙政园的笔墨官司

苏州园林是中国建筑史流光溢彩的一章,拥有不少闻名遐迩的古迹名胜,不妨先罗列一下。

拙政园 the Humble Administrator's Garden

留园 the Lingering Garden

环秀山庄 the Mountain Villa with Embracing Beauty

狮子林 the Lion Forest Garden

网师园 the Master-of-Nets Garden

沧浪亭 the Surging Waves Pavilion

其他名胜的英语译名多半没有什么纷争,唯有拙政园在当年美国的《生活》等杂志上还引起过一场不小的笔墨官司。拙政园乃明正德年间御史王献臣所建,是我国古代造园艺术的杰作。20 世纪 80 年代初期,拙政园的"明园"复制品曾送往美国纽约展览,在不少美国杂志上还刊登了"明园"的照片。围绕拙政园的英语译名,一位摄影记者对西方的译法提出了异议。

A correct translation of the photo's subject is "Ming-gate View of the Humble Politician's Garden"—very different from the Western sense from your caption's "unsuccessful politician".

问题原来出在"拙"上了。外国人当然不懂,"拙"是谦辞,"拙政"并没有真正的"政绩失败"的意思,所以 unsuccessful 显然是不正确的。

在比较旧式的英文信件中,职工有对老板自称为 your humble servant 的,大概与汉语的"卑职"相当,用 humble 来对译"拙"还是说得过去的。

3. 故宫建筑群翻译举隅

故宫 1987 年被联合国教科文组织(UNESCO)列为世界文化遗产(World Heritage Sites)。

故宫(the Imperial Palace),又称紫禁城(the Forbidden City),是明清两代的皇宫,故宫是世界上现存规模最大最完整的古代木结构建筑群,为我国现存最大最完整的古建筑群(ancient architectural complex)。

故宫林林总总的建筑物在英语当中如何表示呢?下面是中国传统建筑的英语表达法。

陵墓 mausoleum
亭／阁 pavilion
石窟 grotto
祭坛 altar
宫／殿 hall; palace
水榭 waterside pavilion
台 terrace
楼 tower; mansion
塔 pagoda; tower
廊 corridor
堂 hall
门 gate

故宫建筑群主要建筑的翻译如下。

太和门 Gate of Supreme Harmony
太和殿 Hall of Supreme Harmony
中和殿 Hall of Central Harmony
保和殿 Hall of Preserved Harmony
文渊阁 Pavilion of Literary Source
乾清宫 Palace of Celestial Purity
坤宁宫 Palace of Terrestrial Tranquility
养心殿 Hall of Mental Cultivation
乐寿堂 Hall of Joyful Longevity

御花园 Imperial Garden

4. 闲话西方人的"住房"词语

普通北美人居住的房子有两层住宅(detached house)、平房住宅(bungalow)、排屋(town house; row house)等。

两层住宅的内部结构如下。

一楼：门厅(the hall)，客人进屋后的回旋之地。比如，脱下外套、放置雨具等。客厅(the parlor; the sitting room)为待客之用。饭前，客人和主人在此聊天。吃饭时，客人从客厅步入餐厅(the dinning room)，围桌进食。厨房(the kitchen)总是紧靠餐厅，这样上菜方便。西方人不大起油锅，因此厨房非常干净。

二楼主要有卧室(the bedroom)和盥洗室(the toilet)。小孩一般也拥有自己的卧室，内部布置和摆设全由孩子决定。盥洗室一般有两间。

上面的阁楼(the attic; the garret)不住人，存放杂物而已。

地下室(the basement)不是存放蔬菜、杂物之地。地下室里一般有锅炉房(the furnace room)、洗衣房(the laundry room)、贮藏室(the storeroom)、儿童游戏室(the playroom)。锅炉用石油作燃料，水温自控。全家的衣服在洗衣房洗涤烘干，外国人很少晾晒。贮藏室里则备有电锯、斧子等工具。儿童游戏室里有大沙发、电视等。有些房东常常把地下室租给外国留学生，租金较为低廉。车库(the garage)内除了停放汽车外，还存放大量汽车维修工具和备用器材。

5. "贵宾休息室"还是"贵宾厕所"

在许多著名旅游热点地区经常可以看到英文招牌和广告，这显然是为了方便那些说英语的外国游客而设立的。但是不规范的表达法、错误的拼写、生编硬造的英文反而起了事与愿违的作用。2002年，北京开展了一个为期半年的活动，以纠正那些有错误或者误导的英文路标和招牌。①

在靠近天坛的一家餐馆里，菜单上的 crap 英文意思是"废话"，结果外国游客欣喜地发现，"废话"原来是一道美味的海鲜，其实是菜单上把 crab 错拼成了 crap。还有"软炸爪牙"或者是"软炸典当物"，结果发现

---

① 冯庆华. 翻译365[M]. 北京：人民教育出版社，2006：189.

是一道"软炸对虾",原来把"对虾"的英语 prawn 错拼成了 pawn。

据北京旅游局的一位官员说,很多英文路标、广告、菜单和招牌是英文语法和中文语法的奇怪组合,经常让外国游客丈二和尚摸不着头脑。有的地方把"贵宾休息室"的英文直译成 VIP Rest room。可是至少在美国,restroom 是厕所的意思。简直难以想象,尊贵的宾客坐在"厕所"里"休息"!虽然,美国人眼里的 restroom 不完全是我们普通中国人所认为的"厕所",因为 restroom 里有大镜子、梳妆台等,可供女士们梳妆打扮,但是 toilet 仍然是其重要的功能之一。

6. 厕所琐谈

WC 是对厕所最早的表达方法,全称是 water closet(抽水马桶),意思就是告诉别人"我要去上厕所"。这种很粗俗的表达方式是英美等国一二百年前使用的。2004 年 1 月 1 日,上海已发布公告,厕所不能再用 WC 标志,现在天安门附近的厕所标志已经改为 toilet,北京所有五星级宾馆内的厕所也看不到 WC 的标志了,改用 rest room。

toilet 也是国外 20 年前的表达方式,他们后来发明了新词,叫 washroom(洗手间),后来又叫 bathroom(卫生间)等。

在美国,"厕所"一般都叫 rest room 或 bath room(男女厕所均可),或分别叫作 men's room 或 ladies' room/women's room(=powder room)。不过在飞机上,则叫 lavatory,在军队中又叫 latrine。

如何表示"要上厕所"呢?例如:

"May I use your bathroom(restroom)?"或者"Where is the bathroom?"

女性还能用委婉的说法,如"Where can I freshen up?"但男性不可使用这种说法。"Where can I wash my hands?"则男女都适用。

7. 住宅广告常见缩写词的含义

下面是常见缩写词的含义。
A/C air conditioning 空调
eve. evening 晚上
appl. appliances 电器设备
flrs. floors 楼层
appt. appointment 面谈
frig. refrigerator 冰箱

第十章 跨文化交际下的英汉服饰与建筑文化翻译

ba. bathroom 浴室

gard. garden 花园

bdrm. bedroom 卧室

kit. kitchen 厨房

cpt. carpet 地毯

mgr. manager 经理

dec. decorated 装修

vu. view 风景

dep. deposit 定金

pd. paid 已付

dinrm. dinning room 餐厅

st. street 街道

ele. elevator 电梯

pkg. parking 停车场地

unf. unfurnished 不配家具

xlnt. excellent 完好的

【内容小结】

在每一种服饰语言的历史演变过程中,从其各个角度都能考察出该民族的社会文化风俗和服饰文化特征。服饰文化是人类重要的文化内容,服饰从其最基本的实用功能逐渐发展为展现人们审美情趣、审美修养和价值取向的表现形式,我们不难看出服饰文化是绚烂多彩的。服饰文化常常会影响到人们日常生活中的语言表达。有时在语言表达过程中,使用与服饰相关的语汇会使语言表现得非常贴切,化繁为简,容易为他人所理解。服饰外观形象生动鲜明,人们以服饰穿着中的亲身体验,通过日常语汇来概括比喻生活中事物的发展规律,或是透过表面现象说明本质,生动形象且说服力更强。

西方建筑形式受实体宇宙观的影响呈现了多样化的特点;而中国的宇宙观使中国的建筑形式相对稳定。对于建筑形式和内容,中西方均认同的是达到二者的统一。西方注重一切从实体出发,通过逻辑与分析大大地发展了建筑的形式;中国则从"气"的宇宙观出发,运用整体思维,以"天人合一"的理想追求建筑的永恒。

通过本章的学习,学生可以对英汉服饰与建筑文化及其差异有一个初步的认知,可以有效提升他们在服饰、建筑文化翻译方面的能力。

【同步练习】

一、翻译下列服饰文化词汇与句子

(1)Easy to slip on and comfortable to wear, the cheongsam fits well the female Chinese figure.

(2)Its neck is high, collar closed, and its sleeves may be either short, medium or full length, depending on season and taste.

(3)The dress is buttoned on the right side, with a loose chest, a fitting waist, and slits up from the sides, all of which combine to set off the beauty of the female shape.

(4)Chinese lute fasteners are widely used in the design of cheongsam.

(5)It is a black-tie dinner.

(6)The invaders attacked under the cloak of fog.

(7)It was a cloak and dagger story about some spies who attempted to steal atomic secrets.

(8)give away the shirt off one's back

(9)She would give you the shirt off her back.

(10)He gave his employee a wet shirt.

(11)I told him to keep his shirt on no matter what provocation.

(12)He lost his shirt in the stock market.

(13)Czech football team beat the pants off Danish football team in 2004 European Football Championship.

(14)With all her navigational equipment broken, she was flying by the seat of her pants.

(15)The government was caught with its pants down by the surprise.

(16)Anyone can tell that she wears the pants in that family.

第十章　跨文化交际下的英汉服饰与建筑文化翻译

二、翻译下列建筑文化词汇
（1）西关大屋
（2）竹筒屋
（3）客家围(龙)屋
（4）骑楼
（5）开平碉楼
（6）石板巷
（7）羊城
（8）五羊雕塑
（9）光孝寺
（10）光塔
（11）能仁寺
（12）金刚法界
（13）六榕寺
（14）五仙观
（15）三元宫
（16）黄大仙祠
（17）南海神庙
（18）广州耶稣圣心大教堂
（19）云津阁
（20）莲花塔
（21）越秀镇海楼
（22）阁
（23）塔
（24）亭
（25）牌楼
（26）曲桥
（27）水榭
（28）柳堤

【参考答案】

一、翻译下列服饰文化词汇与句子

（1）旗袍穿起来很方便，而且很舒服，凸现中国女性的身材。

（2）旗袍的颈部较高，领子竖起，袖子根据季节变化和个人品味的不同，可以是短袖、中袖或长袖。

（3）旗袍的纽扣在右侧，胸部宽松，紧贴腰身，两侧叉开，这些都是为了体现女性形体的优美。

（4）设计旗袍的时候，广泛使用琵琶扣。

（5）这次聚餐需穿无尾晚礼服，系黑色领结。

（6）入侵者在大雾的掩护下发动了进攻。

（7）这是一本关于几个间谍的惊险小说，间谍们想设法盗取原子机密。

（8）送掉身上所有的东西；牺牲身上的所有物

（9）她会把所有的东西都慷慨地送给你。

（10）他把员工累得满头大汗。

（11）我告诉他，无论遇到什么刺激，一定要保持冷静。

（12）他在证券市场上弄得倾家荡产。

（13）捷克足球队在 2004 年欧洲足球锦标赛中狂胜丹麦。

（14）由于所有的导航设备已经损坏，她只能凭经验飞行。

（15）政府由于受到突然攻击而陷于窘境。

（16）谁都看得出来她是那个家里掌大权的人。

二、翻译下列建筑文化词汇

（1）Xiguan（western side）dawu mansions

（2）zhutongwu mansion

（3）Hakka's circular house（weiwu in Chinese）

（4）sotto portico（qilou in Chinese）

（5）Kaiping Castles

（6）stone-slab-paved lanes

（7）(The) City of (Five) Rams

（8）Statue of Five Rams（The Statue of Five Rams is the symbol of Guangzhou City）

第十章　跨文化交际下的英汉服饰与建筑文化翻译

（9）Guangxiao Temple（the first Buddhist temple even before Guangzhou coming into being and famous for its Five-Hundred-Abbot Hall）

（10）Guangta Minaret, located in Huaisheng Mosque

（11）Nengren Temple

（12）the Invincible Dharma

（13）Liurong（Six-Banyan）Temple

（14）Wuxianguan（Five Immortal）Temple

（15）Sanyuangong（Taoist）Palace

（16）Wong Tai Sin Temple

（17）Temple of South China Sea God, also Polo Temple（594 BC—）at Huangpu Harbor, is an evidence of this overseas trading tradition. It is called Polo, for it comes originally from the word paramita in Sanskrit, meaning reaching the other side of the ocean.

（18）Guangzhou Sacred Heart Cathedral

（19）Yunjinge Pavilion

（20）Lianhua（Lotus-Flower）Pagoda

（21）Zhenhai Tower（Five Story Tower Appeasing the Sea）on Mt. Yuexiu

（22）mansion

（23）pagoda

（24）pavilion

（25）pailou

（26）zigzag bridge

（27）waterside pavilion

（28）river bank（embankment/ causeway）lined with willow trees

参考文献

[1] 白靖宇. 文化与翻译(修订版)[M]. 北京：中国社会科学出版社，2010.

[2] 包惠南，包昂. 中国文化与汉英翻译[M]. 北京：外文出版社，2004.

[3] 包惠南. 文化语境与语言翻译[M]. 北京：中国对外翻译出版公司，2001.

[4] 蔡基刚. 英汉词汇对比研究[M]. 上海：复旦大学出版社，2008.

[5] 陈浩东. 翻译心理学[M]. 北京：北京大学出版社，2013.

[6] 陈坤林，何强. 中西文化比较[M]. 北京：国防工业出版社，2012.

[7] 陈清贵，杨显宇. 翻译教程[M]. 成都：电子科技大学出版社，2006.

[8] 成昭伟，周丽红. 英语语言文化导论[M]. 北京：国防工业出版社，2011.

[9] 戴湘涛. 实用文体汉英翻译教程[M]. 北京：世界图书出版公司北京公司，2012.

[10] 董晓波. 大学汉英翻译教程[M]. 北京：对外经济贸易大学出版社，2011.

[11] 方梦之. 英汉翻译基础教程[M]. 北京：中国对外翻译出版公司，2005.

[12] 冯庆华. 翻译365[M]. 北京：人民教育出版社，2006.

[13] 何少庆. 英语教学策略理论与实践运用[M]. 杭州：浙江大学出版社，2010.

[14] 何远秀. 英汉常用修辞格对比研究[M]. 成都：西南交通大学出版社，2011.

[15] 胡蝶.跨文化交际下的英汉翻译研究[M].长春:东北师范大学出版社,2018.

[16] 黄成洲,刘丽芸.英汉翻译技巧[M].西安:西北工业大学出版社,2008.

[17] 黄净.跨文化交际与翻译技能[M].天津:天津大学出版社,2019.

[18] 黄龙.翻译学[M].南京:江苏教育出版社,1987.

[19] 黄勇.英汉语言文化比较[M].西安:西北工业大学出版社,2007.

[20] 江峰,丁丽军.实用英语翻译[M].北京:电子工业出版社,2009.

[21] 姜荷梅.英汉互译教程[M].上海:复旦大学出版社,2017.

[22] 金惠康.跨文化交际翻译[M].北京:中国对外翻译出版公司,2003.

[23] 金惠康.跨文化交际翻译续编[M].北京:中国对外翻译出版公司,2004.

[24] 兰萍.英汉文化互译教程[M].北京:中国人民大学出版社,2010.

[25] 李建军.文化翻译论[M].上海:复旦大学出版社,2010.

[26] 李建军.新编英汉翻译[M].上海:东华大学出版社,2004.

[27] 李雯,吴丹,付瑶.跨文化视阈中的英汉翻译研究[M].长沙:湖南师范大学出版社,2018.

[28] 连淑能.英汉对比研究[M].北京:高等教育出版社,2010.

[29] 林丽霞.英语习语文化探源及翻译研究[M].北京:中央编译出版社,2021.

[30] 凌伟卿.21世纪大学英语教程[M].上海:上海大学出版社,2009.

[31] 刘宓庆.文化翻译论纲[M].北京:中译出版社,2019.

[32] 刘瑞琴,韩淑芹,张红.英汉委婉语对比与翻译[M].银川:宁夏人民出版社,2010.

[33] 卢红梅.华夏文化与汉英翻译(第二部)[M].武汉:武汉大学出版社,2008.

[34] 卢红梅.华夏文化与汉英翻译[M].武汉:武汉大学出版社,2006.

[35] 马会娟.汉英文化比较与翻译[M].北京:中国对外翻译出版有限公司,2014.

[36] 冒国安.实用英汉对比教程[M].重庆:重庆大学出版社,2004.

[37] 邵志洪.英汉对比翻译导论[M].上海:华东理工大学出版社,2010.

[38] 孙致礼.新编英汉翻译教程[M].上海:上海外语教育出版社,2003.

[39] 汪德华.中国与英美国家习俗文化比较[M].杭州:浙江大学出版社,2011.

[40] 汪福祥,伏力.英美文化与英汉翻译[M].北京:外文出版社,2003.

[41] 汪福祥.汉译英中的习语翻译[M].北京:外文出版社,2007.

[42] 王大伟,魏清光.汉英翻译技巧教学与研究[M].北京:中国对外翻译出版公司,2005.

[43] 王端.跨文化翻译的文化外交功能探索[M].北京:中国广播影视出版社,2019.

[44] 王恩科,李昕,奉霞.文化视角与翻译实践[M].北京:国防工业出版社,2007.

[45] 王少娣.跨文化视角下的林语堂翻译研究[M].上海:上海外语教育出版社,2011.

[46] 王述文.综合汉英翻译教程[M].北京:国防工业出版社,2010.

[47] 王天润.实用英汉翻译教程[M].北京:国防工业出版社,2013.

[48] 王武兴.英汉语言对比与翻译[M].北京:北京大学出版社,2003.

[49] 魏海波.实用英语翻译[M].武汉:武汉理工大学出版社,2009.

[50] 吴为善,严慧仙.跨文化交际概论[M].北京:商务印书馆,2009.

[51] 武锐.翻译理论探索[M].南京：东南大学出版社,2010.

[52] 谢群.英汉互译教程[M].武汉：华中科技大学出版社,2010.

[53] 宿荣江.文化与翻译[M].北京：中国社会出版社,2009.

[54] 闫文培.全球化语境下的中西文化及语言对比[M].北京：科学出版社,2007.

[55] 严明.跨文化交际理论研究[M].哈尔滨：黑龙江大学出版社,2009.

[56] 杨贤玉.英汉翻译概论[M].武汉：中国地质大学出版社,2010.

[57] 殷莉,韩晓玲等.英汉习语与民俗文化[M].北京：北京大学出版社,2007.

[58] 张安德,杨元刚.英汉词语文化对比[M].武汉：湖北教育出版社,2003.

[59] 张白桦.翻译基础指津[M].北京：中译出版社,2017.

[60] 张全.全球化语境下的跨文化翻译研究[M].昆明：云南大学出版社,2010.

[61] 张文英,戴卫平.词汇·翻译·文化[M].长春：吉林大学出版社,2010.

[62] 张镇华.英语习语的文化内涵及其语用研究[M].北京：外语教学与研究出版社,2007.

[63] 钟书能.英汉翻译技巧[M].北京：对外经济贸易大学出版社,2010.

[64] 蔡秋阳.植物感知影响因子及价值认知研究[D].武汉：华中农业大学,2017.

[65] 韩暖.汉英禁忌语对比分析及其在跨文化交际中的回避策略[D].哈尔滨：哈尔滨师范大学,2016.

[66] 黄曼.汉语习语变异研究概述[J].社会科学战线,2014（12）:275-277.

[67] 兰玲.中西文化差异下的汉英动物词汇翻译[J].边疆经济与文化,2015（2）:98-100.

[68] 李杰玲.山与中国诗学——以六朝诗歌为中心[D].上海：上海师范大学,2011.

[69] 李琳琳,丛丽.基于文化翻译理论的中国建筑文化翻译策略探究[J].长春教育学院学报,2015,31(20):68-70.

[70] 刘娇.汉英植物词文化意义的对比研究及教学建议[D].沈阳:辽宁大学,2017.

[71] 刘兰君.英汉禁忌语之文化差异透视[J].教育现代化,2018,5(26):348-349.

[72] 刘鑫梅,赵禹锡,刘倩.跨文化传播视阈下我国传统文化对外传播探析[J].传媒论坛,2018,1(14):1-2.

[73] 刘秀琴,董娜.跨文化交际中的英汉"委婉语"探讨[J].山西广播电视大学学报,2018,23(4):43-46.

[74] 马国志.文化视域下的英汉习语对比与翻译[J].科教文汇,2019(3):180-183.

[75] 马慧.英汉语篇衔接手段对比及其翻译[D].兰州:兰州大学,2017.

[76] 任继尧.汉英委婉语对比研究与对外汉语教学[D].太原:山西大学,2018.

[77] 沈琳琳.文化传播语境下高职英语外译教学原则分析——以服饰文化翻译为例[J].职教论坛,2015(35):70-73.

[78] 汪火焰.基于跨文化交际的大学英语教学模式研究[D].武汉:华中科技大学,2012.

[79] 王军霞.汉语教学中英汉习语文化空缺现象研究[D].济南:山东师范大学,2016.

[80] 王梅.从英汉习语看英汉文化的异同[D].成都:四川师范大学,2009.

[81] 王爽.汉英习语文化对比[D].哈尔滨:黑龙江大学,2011.

[82] 夏露.中英语言中"风"的概念隐喻对比研究[D].武汉:华中师范大学,2014.

[83] 肖唐金.跨文化交际翻译学:理论基础、原则与实践[J].贵州民族大学学报,2018(3):23-38.

[84] 杨超.人名、地名的中西互译[J].科学大众·科学教育,2017(8):146+101.

[85] 尤晓霖.英国动物福利观念发展的研究[D].南京:南京农业大学,2015.

[86] 张锐.文化空缺视域下的汉英数字文化对比[D].乌鲁木齐：新疆师范大学,2013.

[87] 朱梦.新闻传播中英语地名翻译探讨[J].科技传播,2015,7（10）：40-41.

[88] 朱颖娜.从动物词汇看英汉文化差异[J].才智,2017（11）：227.